全国学前教育专业"十二五"系列规划教材

手工综合教程

总主编　张家森　喻小平
主　编　张功岭　陈大浩
副主编　杨会军　李淑峰　王　琳　史朝晖
　　　　董华彬　郭渝明　王云霞
编　委　魏和平　魏海荣　陈　静　张瑜青　滑侨新
　　　　庞　勤　沈海莉　曹　静　吕　霞　姬会会

南开大学出版社

天　津

图书在版编目(CIP)数据

手工综合教程 / 张功岭，陈大浩主编. —天津：南开大学出版社，2015.7(2022.7重印)
全国学前教育专业"十二五"系列规划教材
ISBN 978-7-310-04836-6

Ⅰ.①手… Ⅱ.①张… ②陈… Ⅲ.①学前教育—手工课—幼儿师范学校—教材 Ⅳ.①G613.6

中国版本图书馆CIP数据核字(2015)第124455号

版权所有　侵权必究

手工综合教程
SHOUGONG ZONGHE JIAOCHENG

南开大学出版社出版发行
出版人：陈　敬
地址：天津市南开区卫津路94号　邮政编码：300071
营销部电话：(022)23508339　营销部传真：(022)23508542
https://nkup.nankai.edu.cn

河北文曲印刷有限公司印刷　全国各地新华书店经销
2015年7月第1版　2022年7月第4次印刷
297×210毫米　16开本　14.5印张　360千字
定价：77.00元

如遇图书印装质量问题,请与本社营销部联系调换,电话：(022)23508339

目 录

第一章 纸艺 ... 1
- 第一节 折纸 ... 1
- 第二节 剪纸 ... 19
- 第三节 硬纸工 ... 45
- 第四节 综合纸艺 ... 66

第二章 布艺 ... 86
- 第一节 布贴画 ... 87
- 第二节 布偶与线偶 ... 91
- 第三节 丝网花艺术 ... 97
- 第四节 其他布艺作品欣赏 ... 108

第三章 泥工 ... 114
- 第一节 泥工概述 ... 114
- 第二节 超轻黏土造型 ... 121
- 第三节 陶艺 ... 131

第四章 综合材料造型 ... 137
- 第一节 综合材料平面造型 ... 137
- 第二节 综合材料立体造型 ... 148

第五章 环保再造创意造型 ... 153
- 第一节 杯、碗、碟的创意造型 ... 153
- 第二节 盒、瓶、罐的创意造型 ... 161
- 第三节 环保创意服饰造型 ... 169
- 第四节 其他材料的创意造型 ... 173

第六章 玩具教具的设计与制作 ... 181
- 第一节 幼儿园玩具教具制作 ... 182
- 第二节 科学玩教具制作 ... 190
- 第三节 体育玩具教具制作 ... 192

第七章 幼儿园环境创设 ... 194
- 第一节 幼儿园环境创设概述 ... 194
- 第二节 幼儿园室外环境创设 ... 199
- 第三节 幼儿园室内环境创设 ... 205
- 第四节 幼儿园区角创设 ... 215

参考文献 ... 224

前 言

学前教育是国民教育体系的重要组成部分，是终身教育的开端，幼儿教师教育担负着学前教师职前培训和职后培训、促进教师专业成长的双重任务，在教育体系中具有职业性和专业性、基础性和全民性的战略地位。

随着我国幼儿教育改革的进一步深化，学前教育专业迅速发展，办学规模和办学水平显著提高。加快发展学前教育，提高学前教育质量，关键在于师资的提高，而要培养高素质的幼儿教师，必须要有高水平和高适宜性的学前教育教材。为推动学前教育专业课程改革与教材建设，促进我国学前教育事业的发展，开发体现新理念、新知识、新方法的学前教育专业教材，作者总结了十几年的手工教学经验，结合各地幼儿园教学实践，历时两年多的时间，整合出了这本《手工综合教程》。

本教材的编撰以科学发展观为指导，立足于高校学前教育专业和幼儿师范院校手工教学需求，结合各地幼儿园教育教学的实际，从专业课程设置出发，设计教材体例，选择教材内容，确定教材呈现方式，在掌握一定手工基础知识、技能的基础上，强调设计意识和能力的培养，以及实际操作技能的应用性和可操作性，更强调学前教育专业特色，注重教师教育技能和服务于幼儿教育意识的养成。本教材图文并茂，体例新颖，所用教程多为作者亲自制作拍摄完成，步骤明晰，通俗易懂，贴近实际、贴近生活、贴近学生，着眼于学生的终身发展，体现了实用性、应用性、专业性的功能和特点，反映了当前幼儿园环境创设、教学资源和游戏资料开发等研究成果，建构了比较完整、系统的，具有学科普遍规律、幼儿园教育必备的专业手工技能体系。

本教材覆盖面广，内容丰富多样，包括日常生活中常见的各类纸张、布料、毛线、绳子、黏土、陶泥、自然物等不同材料造型的制作工艺，以及对综合材料、废旧物品的利用和加工。在制作材质的选择上，强调要充分利用当地资源，选用身边随手可得、易加工、可操作和可替代的材料。能引导学生合理运用不同材质制作各种手工作品，在实践中丰富学生的审美情趣、发展学生的创新精神、提高学生的创造能力。各地各校手工制作教学状况有所不同，授课教师业务专长有别，在教学实践中，可有一定的选择空间，可根据本校实际情况有侧重的选择教学内容，本教材既有利于教学，也有利于自学参考，适合各级师范院校学前教育专业和幼儿师范学校教学使用。

本教材的编写得到了参编教师所在单位和兄弟院校的大力支持，也得到了众多知名幼儿园的帮助和配合，收编了大量幼儿园的实景图例，尤其是洛阳市实验幼儿园、洛阳市市直第一幼儿园、洛阳栾川县伊禾幼儿园和珠海容闳国际幼儿园。其中参与编写讨论的有洛阳幼儿师范学校、新乡幼儿师范学校、驻马店幼儿师范学校、安阳幼儿师范高等专科学校、信阳职业技术学院等院校。在此表示衷心的感谢！

教材中的绝大部分优秀作品图例均由编写老师和所在院校的师生提供，个别图例选自网络，尤其是纸艺网的老师们给予了很多支持与帮助，特别感谢小云老师、阿布老师、沈芊老师和凌晨站长的大力支持！

由于时间仓促，加之编者水平所限，书中难免有不尽人意之处，恳请广大读者斧正。谢谢！

编者

2015 年 3 月

第一章 纸艺

纸艺，即纸的艺术。广义指包括造纸艺术在内的所有与纸有关的工艺；狭义指的是以各种纸张、纸材为主要材料，通过折、剪、刻、撕、拼、叠、揉、编织、压印、裱糊、印刷、装帧，装置或者高科技（如激光）等手段制作而成的平面或者立体的艺术品。我们这里所说的主要指狭义的纸艺。

纸艺内容很丰富，涉及面很广，作品的类型很多，有通过简单折压即可完成的折纸造型、有需要用刀具剪切镂空的剪纸艺术、有形态逼真的手工纸艺花、有质感突出的立体雕塑、有线条流畅、色彩丰富的衍纸艺术，还有雅致细腻宛如蕾丝的帕吉门纸画，即纸蕾丝等。不同的纸艺作品因为所选用纸的不同也都别具风格。

纸艺作品中最"抢眼"的要数那些颜色鲜艳，栩栩如生的纸花了。简简单单的一张纸，不管是通过折、剪，还是卷、粘，都可以做出很多种不同的花卉，如玫瑰花、康乃馨、百合花、灯笼花、郁金香、牡丹、牵牛花等，这些纸花花样逼真，美丽而经久。

纸艺作品是一种新型环保的工艺品，它所需的工具材料很简单，主要是色彩种类不同的纸张，再加上铁丝、剪刀、钳子、镊子、白乳胶等工具就可以开始创作了。纸艺这几年来在世界各国的发展可说是繁荣昌盛，原因除了纸材料价廉易得之外，纸本身的可塑性也相当高，是极佳的美术创作素材。纸艺创作，正让不同年龄和性别的人们像孩子一样如醉如痴。当一些普通的纸，在人们手中变成飞翔的蝴蝶、绽放的花朵、逼真的小动物、可爱的时装小人时，心情也变得难以想象的美妙。本章我们主要通过一些实例步骤和作品欣赏来学习折纸、剪纸、硬纸工和其他类型的综合纸艺，既锻炼了动手操作能力，又拓宽了创作空间，提高了艺术素养，更为将来的工作生活奠定了良好的基础。

第一节 折纸

一、折纸

折纸是中华民族传统文化之一，它有着悠久的历史渊源，公元前就有纸张出现，同剪纸、纸扎、面塑、风筝等制作一样，是民间世代相传的一门风格独特的造型艺术。它作为手工工艺的一种，是手脑并用，技术与艺术相辅相成的民间技艺，最初的折纸则主要应用于祭祀。公元105年汉朝蔡伦在前人的基础上改良了造纸技术，使得纸张可以普及使用，折纸艺术也逐渐应用于民间的日常生活当中，如折扇、纸伞、灯笼等，并创作出了许多动静结合、形象逼真的各种折纸作品，在民间广为流传，如小衣服、裤子、小船、鞋子、飞鸟等。折纸艺术在公元6世纪传入日本，公元8世纪传入西班牙，后流传至欧美各国。

19世纪，西方人开始将折纸与自然科学结合在一起，成为了教学和科学研究的工具。折纸不仅成为建筑学院的教具，还发展为现代几何学的一个分支。

今天，折纸艺术造型普及于世界各地，折纸很有利于培养人的艺术素质和创造力，有的国家将折纸作为必修课程纳入了中小学的教学之中。伴随着改革开放的发展，折纸艺术也重新回归祖国，出现了一批致力于折纸研究与创作的新秀，如上海的王云老师、沈阳的阿布老师和北京的刘通老师等，相信在不久的将来，会有更多的国人爱上折纸，我国的折纸技艺也将不断提高，从而赶超世界先进折纸技术水平。

二、折纸的教学价值

折纸学习对任何人都有好处，无论是儿童、青年人还是老年人。折纸能锻炼人的综合协调能力，包括手、眼和大脑，比如学习折纸需要用眼睛看折叠的过程，并在看的同时思考，记住过程。在折的时候，教学之中还能增进人们的感情，加深彼此间的了解，使人们和睦、和谐相处。

折纸是一个集体活动，可以送一些纸艺作品给亲朋好友，也可与友人切磋交流，这样不仅锻炼了技巧，还增进了友谊。此外，用纸折成实际生活中可以用的果盘、笔筒等，不仅耐用、美观，还非常环保，不会对环境造成污染。折纸不仅仅是儿时的玩意，更是一门博大精深的学问。

幼儿通过折纸，可以培养他们的动手能力，使大脑得到开发和锻炼，同时也促进了幼儿对其他知识的学习。折纸讲究对称，可以培养孩子的对称性；折纸需要耐心，可以锻炼儿童的耐心；折纸需要有一定的空间感，可以培养儿童的立体感；折纸可以折出许多物品来，可以举一反三，会折飞机，就会折飞船，可以提高儿童创造能力。学前教育创始人，德国杰出的教育大师Friedrch Froebel认为折纸能够非常好地启迪智慧，并把折纸与自己的教育学说结合起来，在他创办的世界上的第一所幼儿园——勃兰登堡幼儿园中开设折纸课程，这种做法后来被逐步推广到全世界。

三、纸张的类型和特性

纸张有软硬、厚薄之分，有色彩、肌理之分。较厚硬的有铜版纸、牛皮纸、红纸、白板纸、色卡纸等；较软薄的有打印纸、手工纸、皱纹纸、宣纸、棉纸等。色彩方面分单面色，如红纸、白板纸等；双面色，如色卡纸、手工纸等；全色类，如红宣、牛皮纸、彩色打印纸、皱纹纸、棉纸等。

各类纸张都有自己独特的特性，都能创作出不同的艺术效果，厚硬类型的纸张比较适合做包装盒、玩具、建筑模型等；较软薄的则适合折花鸟虫鱼、动植物、衣物、器物等。

出于环保，初学者适合先用废旧纸张进行学习练习，待到技巧掌握熟练之后，再选用色彩、质地、厚薄适中的纸张进行创作。

1. 牛皮纸

牛皮纸是坚韧耐水的包装用纸，采用进口竹浆和木浆精心加工而成。主要特点是强度好、拉力大、光滑度高、厚薄均匀、表面平整、木浆和竹浆含量高。

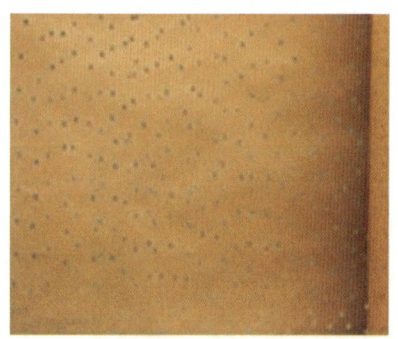

2. 麻纸

麻纸是中国古代图书典籍的用纸之一，是一种大部分以黄麻为原料生产的强韧纸张。麻纸的特点是纤维较粗，纸质坚韧，外观有粗细厚薄之分，又有"白麻纸"、"黄麻纸"之别，其帘纹一般较皮纸、竹纸宽。

隋唐五代时的图书多用麻纸，宋元时已不占主要地位，明清时麻纸的使用更为稀少。

3. 棉纸

棉纸是我国少数民族，从古到今一直沿用的纯手工、原生态纸材，是用树栖韧皮纤维制作而成的纸张，这种纸柔韧性很强，柔软光滑，久存不陈，防腐防蛀。棉纸是折纸爱好者们经常使用的纸材之一。

4. 皱纹纸

彩色皱纹纸是生活用纸的一个特殊品种，可用来制作喜庆结彩装饰，具有色彩鲜艳美观，皱纹匀整细腻，纸质柔中带刚，富有弹性，伸长率高，无纸屑等特点。

传统的纸艺手工制作中，比较常使用的材料就是皱纹纸。皱纹纸由于有着特殊的纹理皱褶，所以在纸艺作品的展现方面有着得天独厚的优势，尤其是在纸艺花的制作效果中更是独树一帜。

5. 云龙纸

云龙纸是由广西瑶族流传下来的传统造纸工艺，原材料以山区特有的构树皮、纱树皮、野生植物皮、植物胶等为主。其生产工艺沿用古代手工作坊21道工序制作而成。具有纤维长、折而不损、韧性好、吸水吸墨性好、透气性强、极富弹性等特点。

纸艺制作中，纸是必不可少的材料，其中云龙纸的"出场频率"还是相当高的。比如高档礼品的包装盒、书画装裱、书籍装帧、灯笼制作、伞业工艺、纸扇、风筝、艺术灯罩等，都经常用到云龙纸。

四、折纸的基本技法

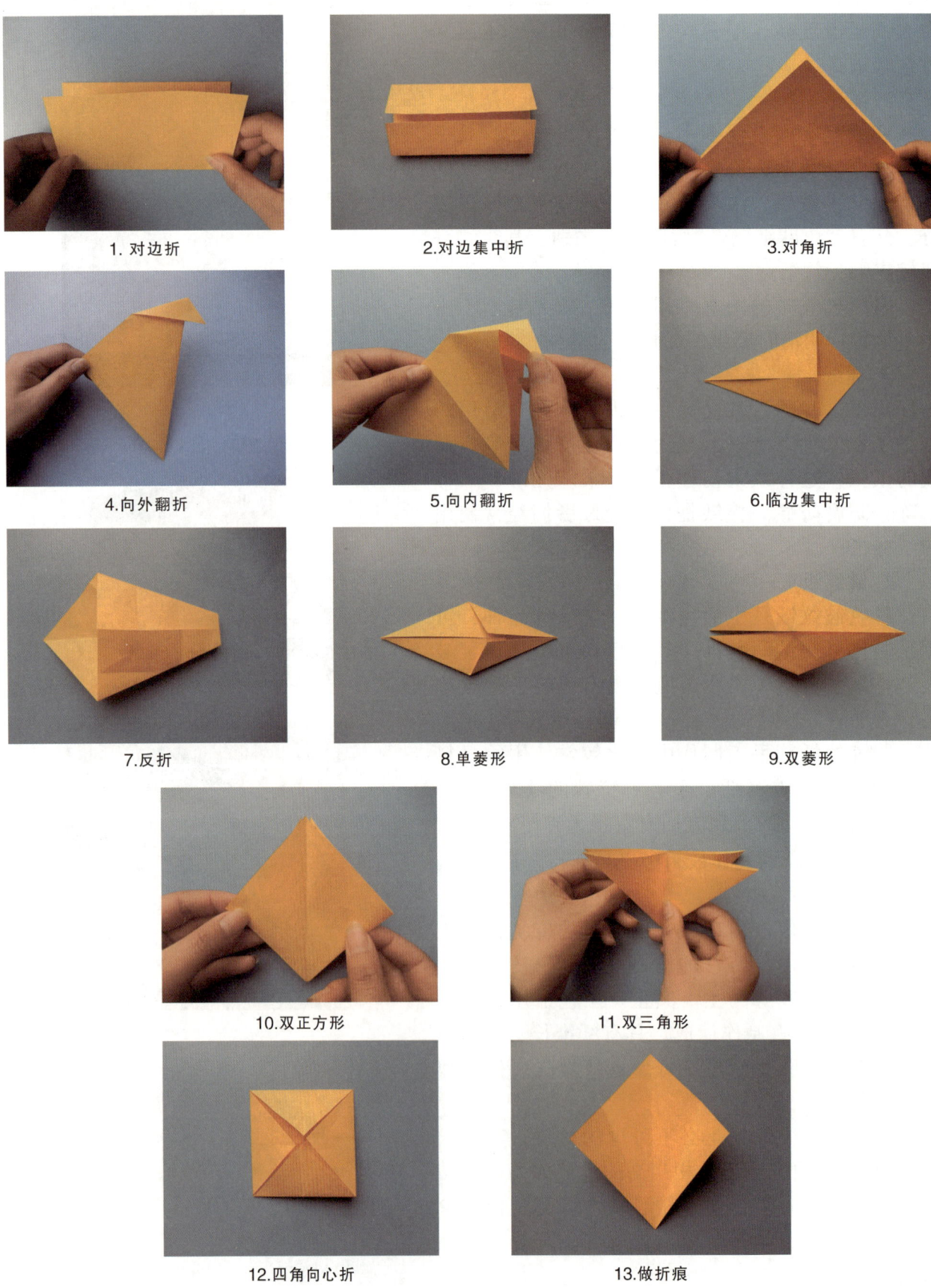

1. 对边折
2. 对边集中折
3. 对角折
4. 向外翻折
5. 向内翻折
6. 临边集中折
7. 反折
8. 单菱形
9. 双菱形
10. 双正方形
11. 双三角形
12. 四角向心折
13. 做折痕

五、折纸实例学习

1. 狗头

第一步：正方形纸对角折一次

第二步：折出对称的两个耳朵

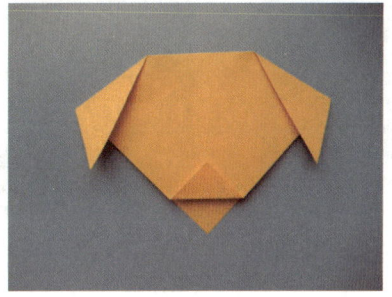

第三步：下面向上反折出一个小三角做嘴巴

第四步：画出眼睛，完成造型

2. 钢琴、小房子和灰斗

第一步：正方形纸折一个对边折

第二步：短边对折

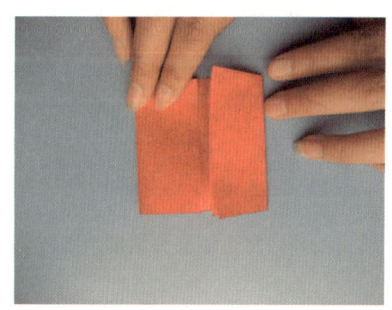

第三步：两边的短边集中折

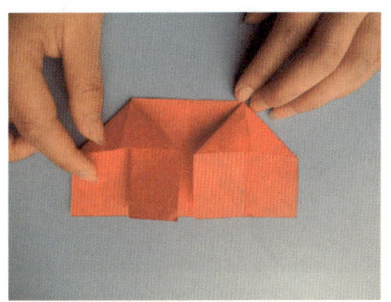

第四步：将两边小长方形打开，分别将上面的折线沿中缝线折压下去（画上门窗，可做简易小房子）

第五步：将中间长方形部分向上反折（如果拉起两侧，可做灰斗）

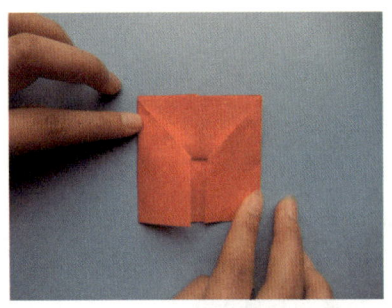

第六步：再把两短边集中折

第七步：打开,把上面向下平行折一细条

第八步：完成后直立放置，钢琴完成

3. 百合花

第一步：从双正方形开始

第二步：按照图示将四边分别向中缝折

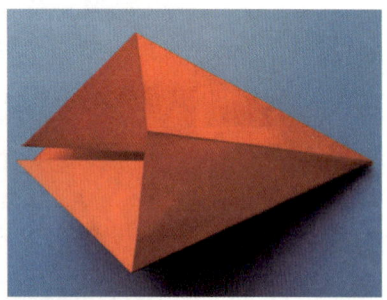

第三步：将四部分分别打开折压成三角形

第四步：将上面部分按图示折压

第五步：打开后沿折痕折压出小尖角

第六步：其他四面均按此方法折完

第七步：按图示将四组侧边分别向中缝折压

第八步：用笔杆或吸管卷压出花瓣

第九步：四瓣全部卷压完成造型

4. 窝里的鸽子

第一步：从双菱形开始

第二步：按图示将右边上半部分向内翻折

第三步：如图示再折一个向内翻折

第四步：把底部撑开，画上眼睛完成

5. 太阳花

第一步：从双正方形开始，开口方朝上

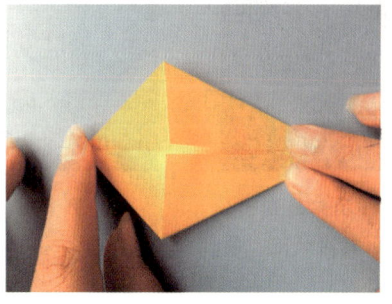

第二步：将下面的四条侧边分别对齐中缝折压

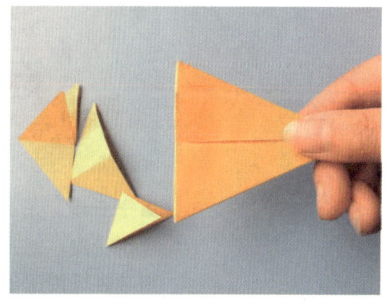

第三步：剪下上面的三角部分

第四步：将三角形的顶角对齐底边中点对折

第五步：展开后沿折痕先从一边开始折压

第六步：沿折好的折痕如图向内折压

第七步:折压完毕

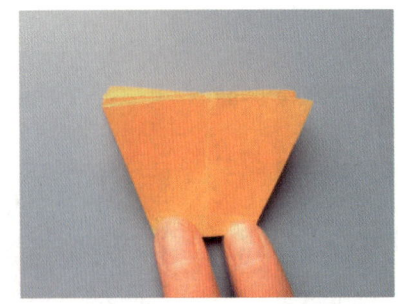
第八步:将折好部分均分两边成梯形

第九步:将梯形倒立,下面的八个边角分别如图示沿同一方向折压

第十步:折完后下面成旋转形

第十一步:翻过来,捏着两侧对称部分从上向下,由外向内均匀用力拉开花盘(此步骤不可急于求成,要耐心细心诸对拉开,一次不到位可分多次,直到满意为止)

第十二步:花盘拉开后造型

第十三步:沿折痕如图示向外翻折,拉出花瓣,此步骤不可折出痕迹,要用手轻轻按压出光滑面

第十四步:太阳花完成

6. 小鹿

第一步:从单菱形开始

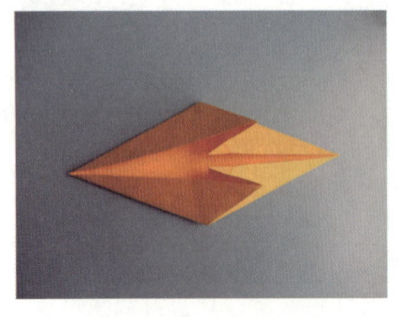
第二步:打开后拉起两边的角

第三步:沿中间线向后反折,使前后重叠

第一章　纸艺

第四步：拉起上面一层的一边，如图折压

第五步：另一边也如此折压，再沿中线向里对折

第六步：打开背面，用较短的两侧边分别向中缝折压

第七步：折完后翻过来

第八步：沿中缝折起来成帆船造型

第九步：将前面两个三角向内翻折出两条前腿

第十步：将尾部如图示剪开一条斜线，不要剪断

第十一步：将剪开部分如图反折三次，折出后腿

第十二步：将合拢在一起的两条后腿剪开，注意不要剪断，能分开即可

第十三步：沿折痕压平整后，主体造型已经完成，可将四条腿分别对折一下

第十四步：在颈部剪一条弧线，翻折出头部外形

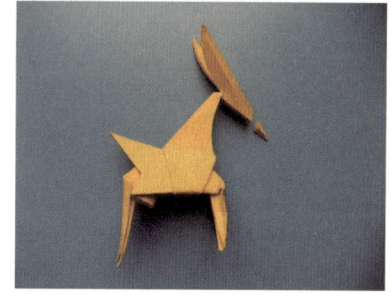

第十五步：将头部前端剪掉一点，做出嘴巴造型

第十五步：鹿角剪成稀疏的锯齿状，画上眼睛，小鹿完成

7. 卷心玫瑰

第一步：正方形纸对边折

第二步：从折线处向上平行折1cm左右，另外一组对边步骤与此步骤相同

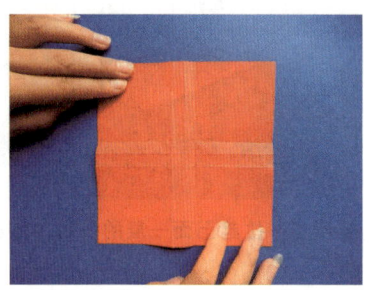

第三步：两组对边和1cm平行折，折好后，展开如图

第四步：再折两条对角线

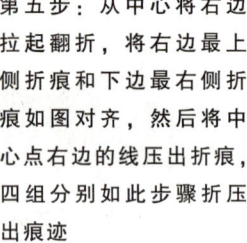

第五步：从中心将右边拉起翻折，将右边最上侧折痕和下边最右侧折痕如图对齐，然后将中心点右边的线压出折痕，四组分别如此步骤折压出痕迹

第六步：折完四条折痕打开，四条折痕呈自然旋转状

第七步：捏起中心小正方形对角的两边的平行线，向内自然用力合拢

第八步：将主体旋转成长方体后可以直立放置

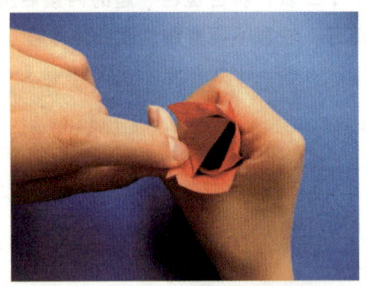

第九步：翻过来，将下面四个角分别沿折痕逐一交错按压

第十步：将最后一个角藏进第一个折缝内

第十一步：分别用拇指和食指捏着小正方形的四边向内按压，将小正方形的两条对角线隆起

第十二步：用镊子夹着中间隆起的部分，向旋转方向的逆方向旋转扭压

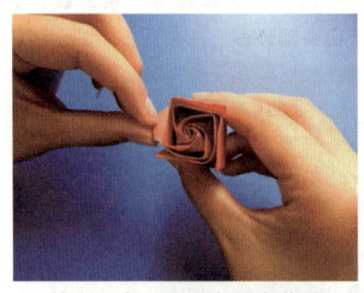

第十三步：用手卷压出花瓣

第十四步：调整完成玫瑰造型

8. 蜗牛

第一步：从双菱形开始

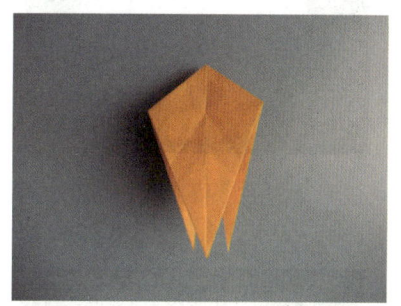

第二步：把上面的两片拉下来

第三步：把头部和尾部反折上去

第四步：把身子下面部分向内翻折

第五步：把头部中间剪开，并打开，完成，也可画上眼睛作装饰

9. 川崎玫瑰

第一步

第二步

第三步

第四步

第五步

第六步

第七步

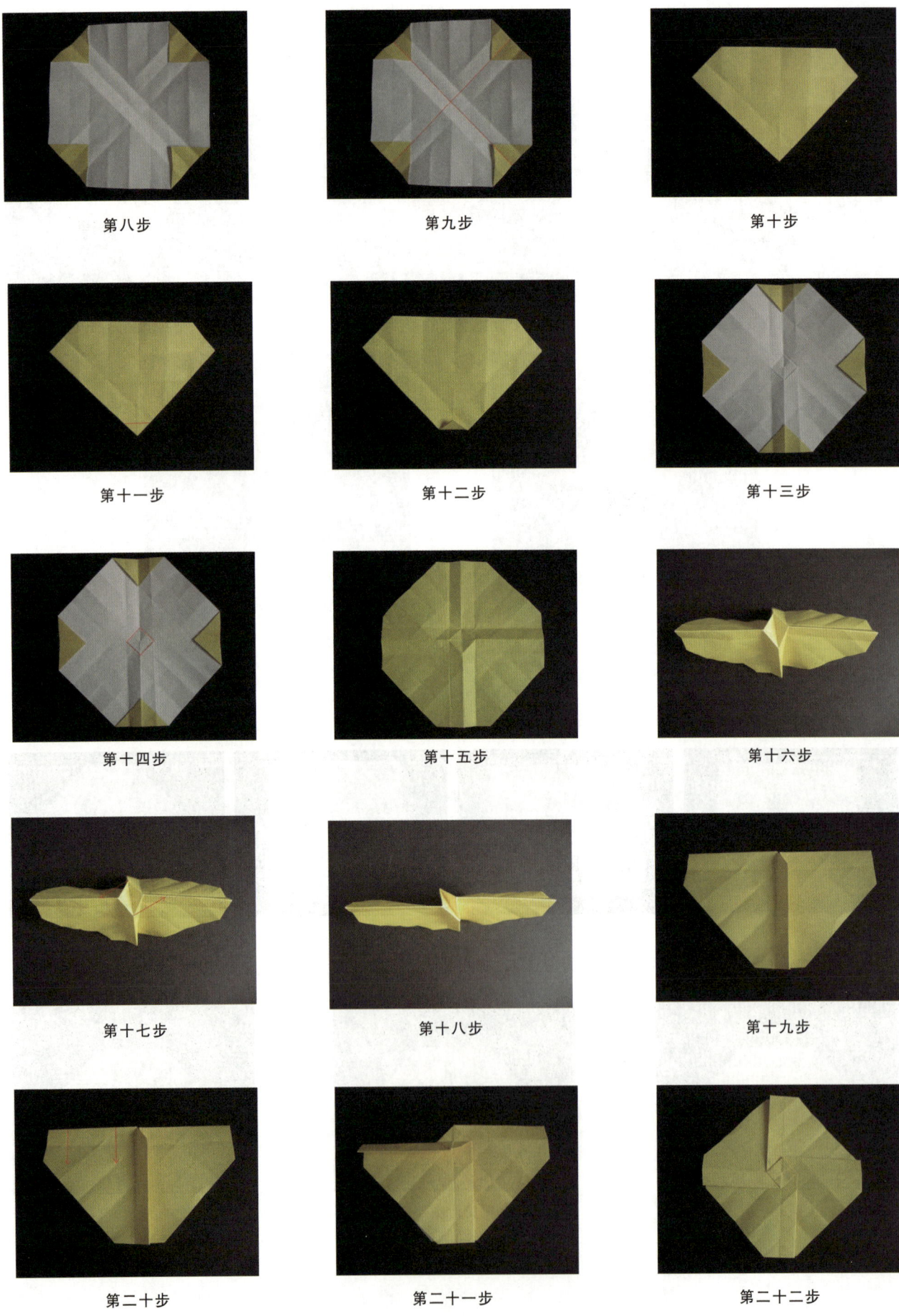

第一章 纸艺

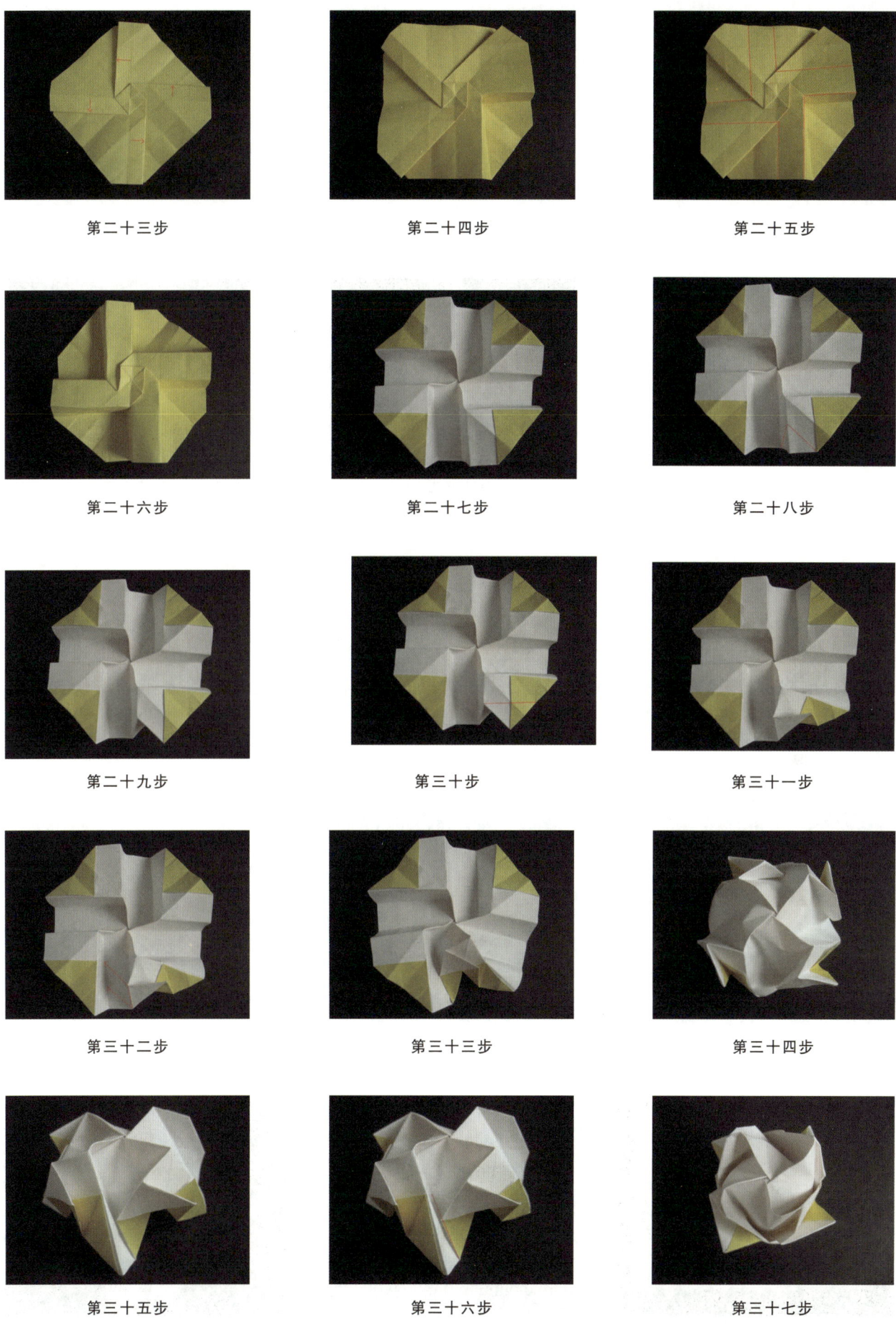

第二十三步　　第二十四步　　第二十五步

第二十六步　　第二十七步　　第二十八步

第二十九步　　第三十步　　第三十一步

第三十二步　　第三十三步　　第三十四步

第三十五步　　第三十六步　　第三十七步

第三十八步

第三十九步

第四十步

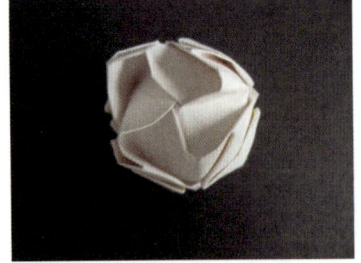
第四十一步

第四十二步

第四十三步

六、折纸作品欣赏

欣赏部分作品多为各个年级学生的优秀作品。欣赏作品涉及各个种类，表现形式丰富多彩，有立体的实物，有悬挂的吊饰，有拼贴的装饰画，有容器，有花束等。主题明确，色彩搭配美观大方，造型简练形象，栩栩如生，既美观实用，又可装饰环境。

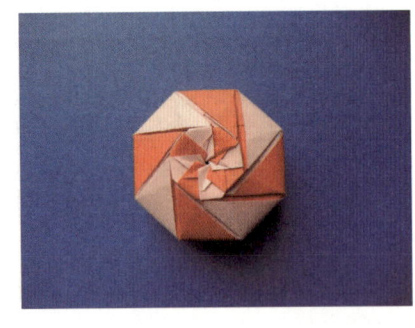

第一章 纸艺

手工综合教程

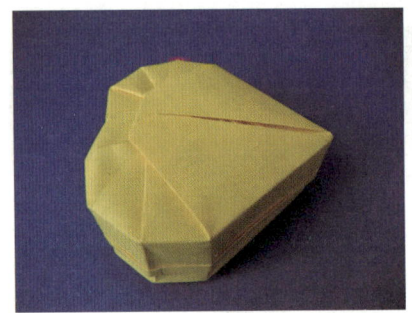

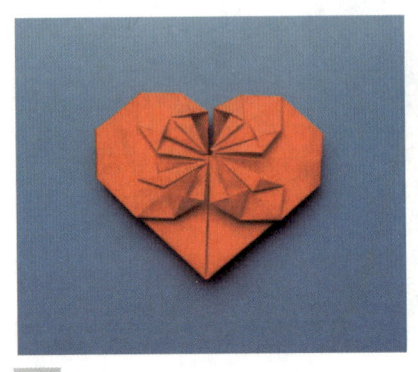

第一章 纸艺

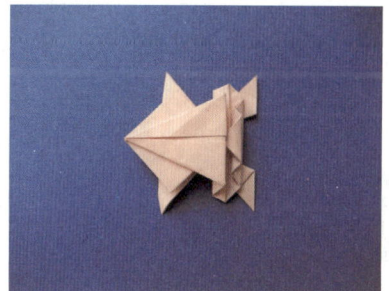

17

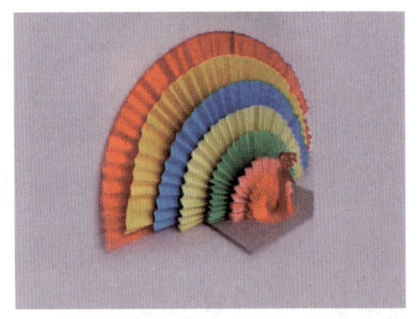

第二节 剪纸

一、剪纸概述

剪纸是中华民族传统的民间艺术之一,它有着悠久的历史。出土的战国时期的镂空刻花皮革图案是剪纸的雏形,后来,随着造纸术的改良应用,剪纸艺术也得到更好的发展。发现最早的是南北朝时期的几何纹图案化剪纸,距今已有1500多年的历史。剪纸艺术取材方便,工艺简单,在民间很快流行开来,图样也千变万化,形象生动,逐步进入人们的生活装饰、婚丧嫁娶等方方面面,它凝聚着我国劳动人民无穷的智慧和艺术创造力,像一颗灿烂的明珠,点缀着环境,美化着人们的生活。剪纸又叫刻纸、窗花或剪画。它是一种镂空艺术,其在视觉上给人以透空的感觉和艺术享受。

民间剪纸所蕴含的文化远远超越出剪纸本身,中国文明的持久性反映在地域文化中不同文化带的分布,以及在不同区域文化中早期文化的交汇融合。而不同地域的民间剪纸中正是遗存了该地域早期文化的信息,反映出不同文化期的文化原型。

比如,陕北剪纸中的龟、蛇、鱼、蛙、抓髻娃娃、蛇盘兔、倒照鹿、生命树、盘肠子等都鲜明地反映出早期图腾文化、生命信仰、生殖崇拜观念的文化信息。民间剪纸作为民俗文化的重要载体和实现方式,维系着整个民间艺术最本原的文化根基,应当说,中国民间剪纸同样是中华文明持久性的重要因素,是民族传统文化的经典。

剪纸这种民俗艺术的产生和流传与中国农村的节日风俗有着密切关系,逢年过节抑或新婚喜庆,人们把美丽鲜艳的剪纸贴在雪白的窗纸或明亮的玻璃窗上、墙上、门上、灯笼上,节日的气氛便被渲染得非常浓郁喜庆。

剪纸的内容很多,寓意很广。祥和的图案祈愿吉祥避邪;娃娃、葫芦、莲花等图案象征多子,中国农民认为多子便会多福;家禽家畜和瓜果鱼虫等因与农民生活息息相关,也是剪纸表现的重要内容,寓意丰收和谐。

剪纸作为民间艺术,具有很强的地域特点:陕西窗花风格粗朴豪放;河北和山西剪纸秀美艳丽;宜兴剪纸华丽工整;南通剪纸隽秀玲珑。剪纸制作简便,造型单纯,能够充分反映百姓的生活内涵,具有浓郁的民俗特色,是中国农村众多民间美术形式的浓缩与夸张。

我国剪纸的艺术风格,从地域角度划分,一般可分为南方剪纸和北方剪纸。南方剪纸秀丽明快、玲珑剔透、图案柔美,偏重写实的表现风格;北方剪纸淳朴浑厚、豪放粗犷、单纯明快,注重于变形的表现风格。随着全国各地的文化交流和现代化工具的普及应用,剪纸艺术得到了前所未有的发展机遇,很多精美的剪纸作品登堂入室,成为了高档华贵的装饰艺术品。剪纸风格也在原有的基础上,分化出了很多独特的剪纸类别,如蔚县剪纸、庆阳剪纸、磁性剪纸、千年纸雕、朝阳剪纸等艺术门类。它们亦或造型古朴、主题鲜明;亦或线条简洁、质朴浑厚;再或者粗中有细、形神兼备,具有浓厚的乡土情趣。从色彩角度划分,可分为单色剪纸、套色剪纸和染色剪纸。单色剪纸多以红色为主,寓意吉祥如意,喜庆美好,还有独具特色的黑白剪纸,青花瓷剪纸等;套色剪纸多以装饰形式出现,色彩搭配富含艺术气息,用剪纸的表现方式创作装饰画,尤其是陕西的民间艺人,在套色剪纸的基础上创作的皮影艺术，更是做工精细，刀法细腻，造型生动优美，色彩鲜艳饱满，加上活灵活现的动势，可谓是剪纸的精髓所在；染色剪纸主要是先用纯色生宣进行剪纸制作，然后再依据需要进行局部染色，染色剪纸作品因宣纸的独特属性，使得色彩鲜艳饱满，朦胧虚幻，别有一番韵味。

二、中国剪纸的发展

中国的民间剪纸手工艺术有它自身的形成和发展过程，中国剪纸的发明是在西汉时代（公元前3世纪），当时人们运用薄片材料，通过镂空雕刻的技法制成工艺品，却早在未出现纸时就已流行，即以雕、镂、剔、刻、剪的技法在金箔、皮革、绢帛，甚至在树叶上剪刻纹样。

《史记》中的剪桐封弟记述了西周初期成王用梧桐叶剪成"圭"赐其弟，封姬虞到唐为侯。战国时期就有用皮革镂花（湖北江凌望山一号楚墓出土文物之一），银箔镂空刻花(河南辉县固围村战国遗址出土文物之一)，都与剪纸同出一辙，他们的出现都为民间剪纸的形成奠定了一定的基础。

我国最早的剪纸作品是在1967年考古学家在新疆吐鲁番盆地的高昌遗址附近的阿斯塔那古北朝墓群中发现的两张团花剪纸，他们采用的是麻料纸，都是折叠型祭祀剪纸，他们的发现为我国的剪纸形成提供了实物佐证。

关于剪纸手工艺术的历史,即真正意义上的剪纸,应该从纸的出现开始。汉代纸的发明促使了剪纸的出现、发展与普及。纸张是一种很容易霉烂的材料,人们不会像珍宝一样保存起来,弄坏了还可以再剪。而在我国西北地区天干少雨,气候干燥,纸张也不易霉烂,这也可能是新疆吐鲁番地区发现北朝剪纸的一个重要原因之一。

唐代剪纸已处于大发展时期,杜甫诗中有"暖水濯我足,剪纸招我魂"的句子,以剪纸招魂的风俗当时就已流传民间。现藏于大英博物馆的唐代剪纸均可看出当时剪纸手工艺术水平已极高,画面构图完整,表达一种天上人间的理想境界。唐代流行颉,其镂花木版纹样具有剪纸特色,如现藏日本正仓院的"对羊",其羊的纹样就是典型的剪纸手工艺术表现手法。唐代民间还出现了利用剪纸形式制作的漏版印花板,人们用厚纸雕刻成花版,将染料漏印到布匹上,形成美丽的图案。右图即为唐代剪纸艺术造型。

宋代造纸业成熟,纸品名目繁多,为剪纸的普及提供了条件。如成为民间礼品的"礼花",贴于窗上的"窗花",或用于灯彩、茶盏的装饰。宋代民间剪纸的运用范围逐渐扩大,江西吉州窑将剪纸作为陶瓷的花样,通过上釉、烧制使陶瓷更加精美;民间还采用剪纸的形式,用驴、牛、马、羊等动物的皮雕刻成皮影戏的人物造型;蓝印花布工艺制作的镂花制版是用油纸板雕镂成纹,刮浆印花的花版纹样就是采用剪纸的技法,有阴、阳刻之分,长线要割断,以点分虚实。右图下为宋代剪纸艺术造型。

明、清时期剪纸手工艺术走向成熟,并达到鼎盛时期。剪纸手工艺术的运用范围更为广泛,举凡民间灯彩上的花饰,扇面上的纹饰,以及刺绣的花样等,无一不是利用剪纸作为装饰后再加工的。而更多的是我国民间常常将剪纸作为装饰家居的饰物,美化居家环境,如门笺、窗花、柜花、喜花、顶棚花等都是用来装饰门窗、房间的剪纸。除南宋以后出现的纸扎花样工匠外,中国民间剪纸手工艺的最基本的队伍,还是那些农村妇女。女红是我国传统女性的一个重要标志,作为女红的必修技巧——剪纸,也就成了女孩子从小就要学习的手工艺。她们从前辈或姐妹那里要来剪纸的花样,通过临剪、重剪、画剪、描绘自己熟悉而热爱的自然景物、鱼虫鸟兽、花草树木、亭桥风

景，以至最后达到随心所欲的境界，信手剪出新的花样来。下图为明、清剪纸艺术造型。

三、中国民间剪纸的种类

剪纸的种类包括窗花、屏花、门笺、墙花、箱柜花、壁花、团花、角花、顶棚花、边花、灯花、礼品花、喜花、寿花、丧花等。剪纸是一种民俗艺术，它的功能由原先的祭祀礼仪逐渐转变为节令风俗吉祥装饰。它在产生、流传的同时又在民间得以丰富。

例如窗花、门笺、灯花，便是在春节和元宵节时贴挂的。在北方的农村，过大年时，窗格新糊了窗纸，便剪些红红绿绿的窗花贴上，门顶、窗前，贴上门笺，再剪些灯花贴在元宵节夜晚的灯笼上，有了这些带有喜庆色彩的窗花、门笺、灯花的装饰，就会把年味造得很浓。喜花是在结婚布置新房时剪贴在室内、家具和器物上，象征婚姻美满，子孙延绵的剪纸。

同样，寿花和丧花是在过生日和办丧事时张贴的。墙花和顶棚花是布置房间时分别贴在墙上和屋顶上的。总之，它们大都是用作布置环境，增强节庆气氛，贴在庭院、居室或器具上的。

四、剪纸的工具和材料

剪纸主要是靠手工制作的，常用的方法有剪刀剪和刀子刻制两种。

顾名思义，剪刀剪是借助于剪刀，采用先剪外形，再局部折压剪出细节部分。剪刀以中型号为宜，便于操作。条件允许的话，可备小、中、大三种型号剪刀各一把，根据需要选用适当型号来剪。剪刀剪适宜剪层数较少的对称剪纸和可多次折压的团花等相对简单的造型。

刀子刻制，则是先把纸张折成数叠，放在蜡板或是玻璃上，然后用刀尖慢慢刻划镂空。一般选用简易的推拉式的美工刀即可，如有条件，也可买专用的剪纸刻刀工具，分尖口刀、斜口刀、圆口刀等各种刀型，用起来非常方便。和剪刀剪相比，刀子刻制的最大优势就是一次可以加工成多个剪纸作品，而且还可创作较为繁琐复杂的大型剪纸作品。

剪纸所用材料简单易取，普通纸张即可制作，身边所能收集到的如金银箔、树皮、树叶、布、皮、革等片状材料均可制作。当然，如果要做大型剪纸作品，还是选取质地较好，色彩纯正的纸张进行创作，比如宣纸、色卡纸、手揉纸、彩色打印纸、棉纸等。

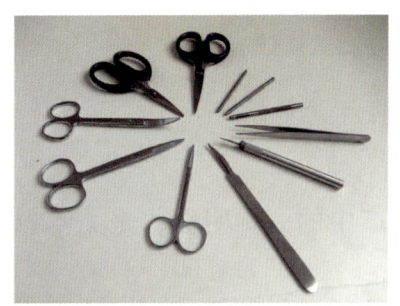
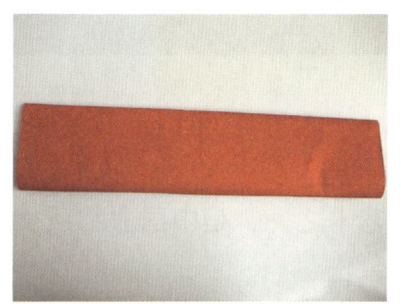
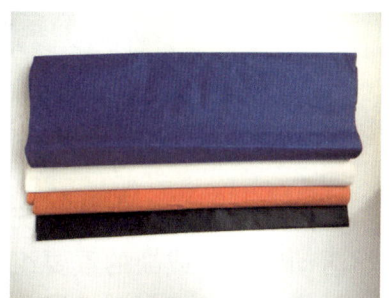

五、剪纸的表现方式

剪纸技艺主要通过剪、刻、镂、抠、黏等技法来表达作者的创作意图。受剪纸工艺的限制，剪纸艺术不宜采取完全写实的手法，只能采用突出表现对象轮廓特征的手法，运用变形、夸张、抽象、概括等艺术手法突出表现对象的特征。因此夸张和变形成为剪纸中最常用的表达语言之一。

夸张变形是人类创造性劳动的成果和智慧的结晶，无论是仰韶文化的彩陶纹饰，殷商青铜器的图形纹样，还是秦汉的石刻艺术，都是以艺术夸张之美来显示其永恒的艺术魅力的。

同时，对生活素材进行去粗取精，删繁就简的处理，也是民间剪纸造型的基础。

民间剪纸的夸张手法，是在省略的基础上强调对象的特征，对物象最特殊的部分做扩大、缩小、伸长、加粗、变形等的处理，使形象更具特征性和艺术魅力，同时达到装饰美的目的。

对较小年龄的儿童来说，为了安全起见，多采用手撕的技法进行剪纸创作，也别有一番情趣蕴含其中。

六、剪纸的教学价值

剪纸是我国古老的传统民间艺术之一，是中国非物质文化遗产中的一颗明珠，是美术教学活动中不可或缺的重要组成部分。

剪纸活动有利于发展儿童的感知能力，手眼协调能力和对美的欣赏与创造能力，从而为思维提供丰富的营养，逐步培养形象思维能力，提高审美素质。在幼儿园里，通过开展剪纸实践的活动，我们充分认识到，剪纸不但非常符合儿童的身心发展需要，还可以培养学生的爱国主义精神。在剪纸教学活动中，激发儿童学习剪纸的兴趣，形成良好的学习习惯和创新意识，可以增强儿童的审美情趣和审美素养，并培养他们对生活、对祖国的热爱，以及创造美好生活的愿望与能力，也可用来装饰幼儿园的环境。

七、基础剪纸的学习制作

1. 基本形的剪法

（1）**圆形**：正方形纸沿中心对折三次，剪一条弧线，打开即成圆形。

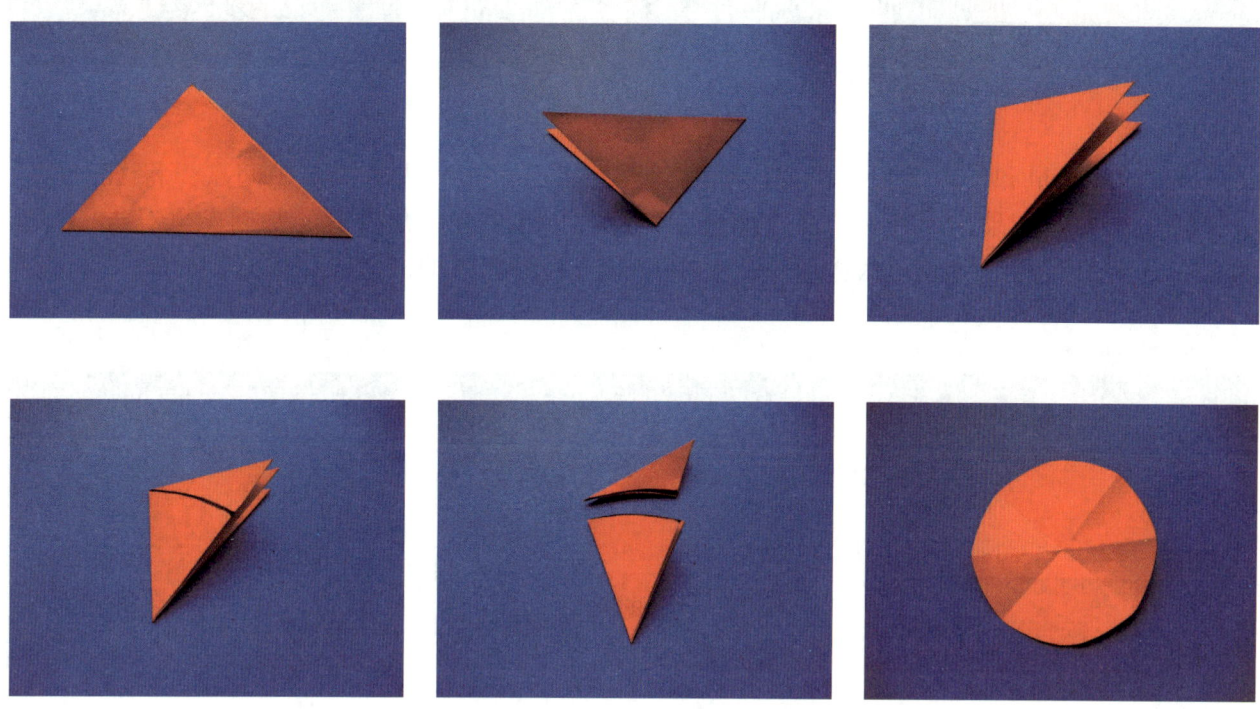

（2）**五角星和正五边形**：正方形纸对角折，将三角形底边对折出中间点，将180°角均分五等份折好，若从其中一边向上斜剪，即成五角星。沿其中一边剪其直角线即成正五边形。

(3) 六角星和正六边形：正方形纸对角折，将三角形底边对折出中间点，将180°角均分三等份折好，如果这样开剪的话，即是三角折剪。如果在三角折剪的基础上再对折，若沿其中一边剪其直角线即成正六边形，从其中一边向上斜剪，即成六角星。

其他星形和多边形均可按类似方法先折后剪成型。

2. 轴对称图形的剪法

将正方形纸对折一下（对边或对角均可），沿对折线画出所要剪的造型的一半，然后沿轮廓线剪下即可。还可在内部添剪花样纹理。

（1）熊猫。

（2）青蛙。

（3）小人。

（4）双喜。

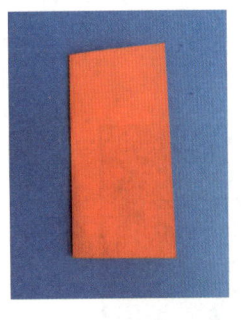 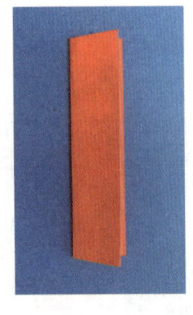 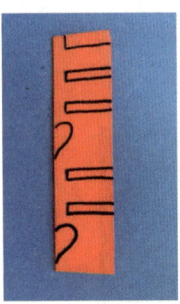 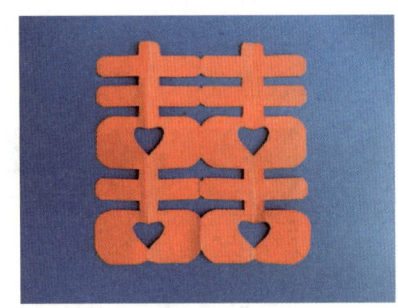

3. 二方连续图形的剪法

将长方形纸短边对折两次或多次，沿对折线画出所要剪的造型的一半，注意左右两边的衔接连续部分要刻画清楚，然后沿轮廓线剪下即可。还可在内部添剪花样纹理。

（1）手拉手小女孩。

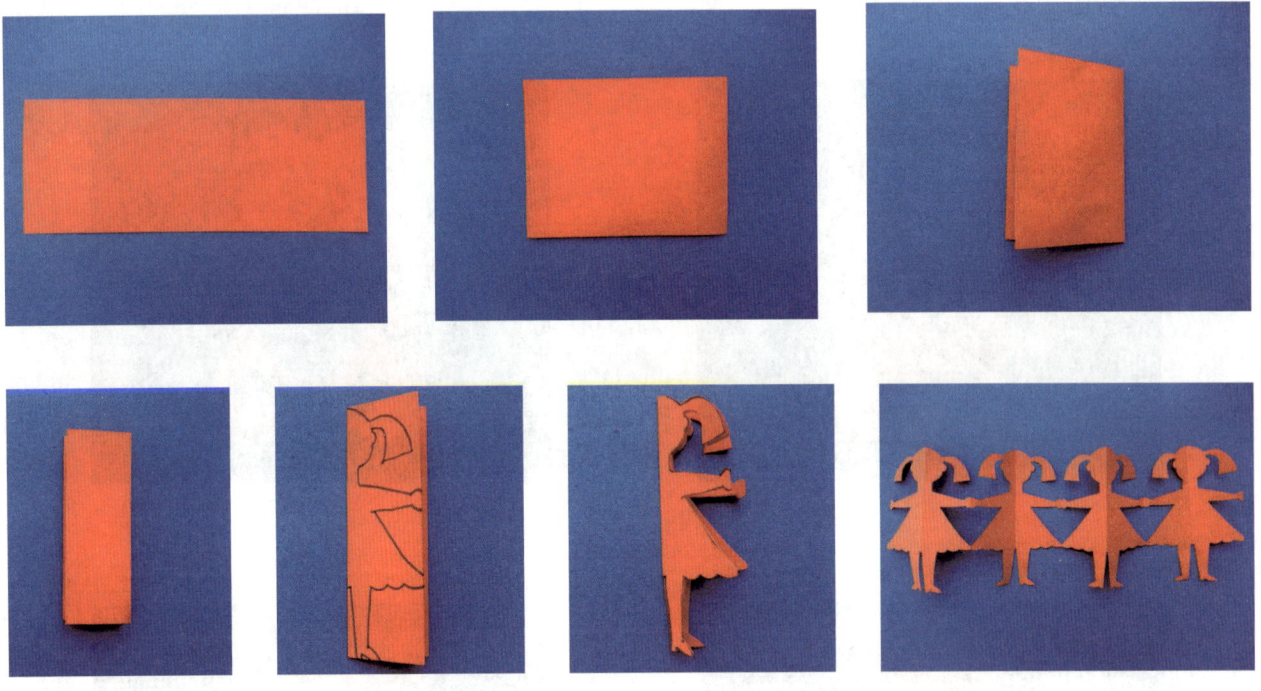

（2）蝴蝶。

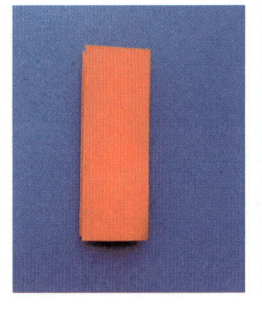 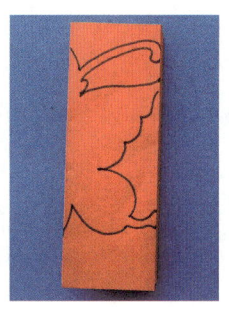 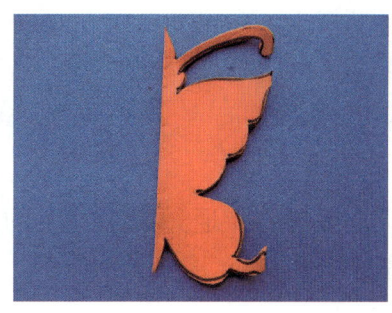 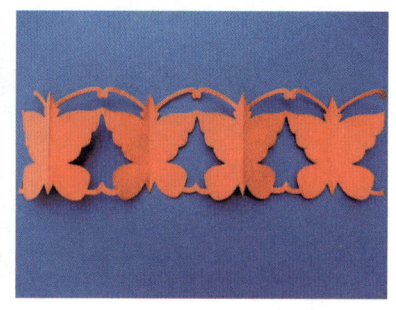

4. 自由形的剪法

确定要剪的图样,在纸上勾画出轮廓造型,然后用镂空、剪切等技法刻画出来。内部纹样可做细节处理。

(1) 桃子。

(2) 蝴蝶。

 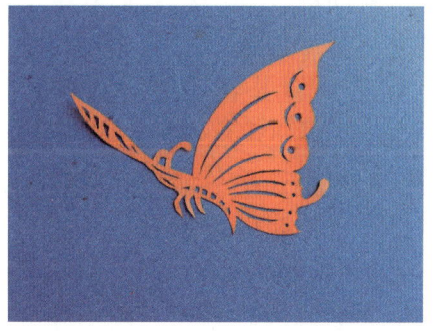

5. 染色剪纸的做法

染色剪纸的创作方法是,先用纯色生宣纸剪出图形,然后依据需要进行局部上色。染色剪纸,色彩丰富,生动形象。下图是维族女孩剪纸示例。

八、剪纸的创作方法

1. 构思

构思是剪纸的前提准备，非常重要。通过观察写生的方法将自己眼中的美记录下来，开阔创意剪纸的思路，储备整理剪纸素材。

2. 构图

剪纸的基本材料是平面纸张，构成图画的基本单元是线、面。

由于受到材料的限制，剪纸不善于表现多层次画面内容及光影效果。因此在构图上采用平视构图，民间剪纸用展开式的思维方式，在有限的空间里自由驰骋，把三维的构思印象用二维的线面更加精炼地表达出来。

创作者在有限空间的创作载体上打破自然的客观法则和空间的限制，创造着一幅幅没有体积、没有空间、不讲透视、不顾比例，仅凭着经验和灵性任意取舍的精美画卷。

剪纸构图与我们绘画构图存在着较大差异，剪纸的构图思维不受生活惯例、题材内容的局限，是将若干形象创造性的组织起来，对表现素材进行大胆取舍，删繁就简，用简练的线条进行概括，使画面重点突出、黑白关系虚实相衬，就是说在构图时要明确什么地方剪去，什么地方留下，还要考虑图案的整体效果。

因此要抓住剪纸构思的特点以及构图步骤进行。

（1）剪纸构图特点：

一是"简括"，就是对形象的简化、概括。民间剪纸造型的基础就是对生活素材进行去粗取精，删繁就简的处理，将繁琐复杂的细节删去，将主体和需要突出的部分加以强化，化复杂为单纯进行艺术创造。

二是"夸张"，就是在省略的基础上强调对象的特征，对物象最特殊的部分做扩大、缩小、伸长、加粗、变形等的处理，使形象更具特征性和艺术魅力。如在很多民间剪纸作品中，人物的面部造型几乎只能看到眼睛，因为在人们的观念中，眼睛最能传神，所以创作者对人的眼睛进行了夸张的处理。

三是"添加"，在形象内利用装饰纹样使作品更加生动。如戏剧人物关羽刚正不阿，在其身材和胡须上需要精心制作。用刚硬的直线来表达身材和胡须。

（2）剪纸构图步骤：

①先制作基本形；

②运用变形、夸张手法，以突出表现对象的特征；

③在表达物上添加一些纹饰，以达到完美的装饰性目的。

3. 剪纸

在剪、刻时如果画面的形象大，则先剪外形再剪内部细纹；若画面的形象小，那么先用小刀刻出细纹，然后剪外形。所用的剪刀最好是尖头的，这样便于挖洞、剪细小的纹样。

4. 粘贴或装裱

粘贴时先将作品放在衬纸上摆正，然后先粘一角再粘整体。

装裱的话，可以先用报纸将剪纸作品保存起来，拿去装裱行进行装裱美化，制作成漂亮的装饰艺术品。

九、剪纸作品欣赏

1. 对称形练习

手工综合教程

  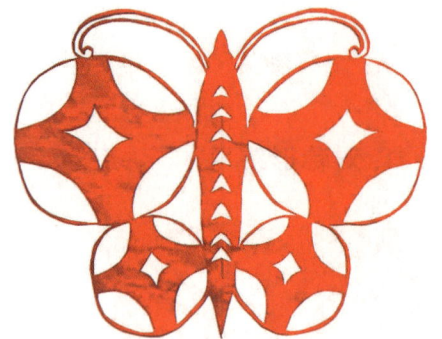

第一章 纸艺

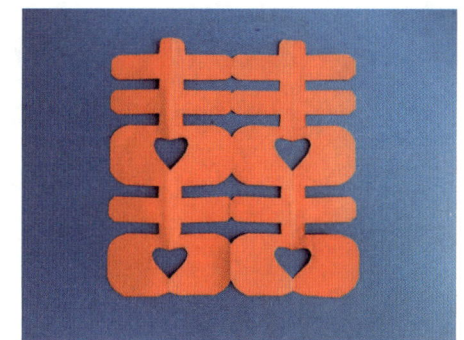

2. 生肖练习

3. 自由形练习

4. 团花练习

5. 优秀作品鉴赏

手工综合教程

第一章 纸艺

第一章 纸艺

第一章 纸艺

6. 染色剪纸范例

第三节 硬纸工

一、硬纸工概述

硬纸工主要是针对较软纸质的材料而言的,一般指色卡纸、牛皮纸、底纹纸等纸材。像所有事物一样,硬纸工造型技法也在不断地发展与更新,如果说剪、折、粘贴是传统工艺的话,那么纸雕塑造型则有更多新的技艺涌现出来,如对材料的加工处理,造型强调空间意识等。科学家爱因斯坦曾说:"在所有想象力中,对空间的想象尤为重要。"这是因为无论造物与造型艺术都离不开空间因素,纸雕塑造型法是从现代生产、生活的角度审视造型的。它的形象概括夸张,线条简练,装饰性强,且取材方便,工具简单,是幼儿园玩教具制作、环境布置等的常用手法。

硬纸工的基本技法主要有:折、切、粘贴、组合插接。所谓折,是所有纸艺造型最基本的技法,只是硬纸工在折叠之前,需先用刻刀背部按铅笔印轻轻压出痕迹,用力不可过重,只需压出痕迹即可,然后再沿痕迹折压成型;切指切形,切割出造型的外轮廓线,或对造型进行局部切割,再将切割部分进行弯折;粘贴在硬纸工里是比较常用的技法,无论是整体造型,还是局部单体,在进行完折压、切割之后,总要将其粘贴成所需造型;组合插接是指由两个或两个以上单体组合成的形体对空间的分割与占有。

本部分主要学习硬纸工的基本技法,通过对技法的学习掌握,进行剪贴艺术、纸艺浮雕和立体雕塑等内容的深入学习。将平面的彩色卡纸依据设计意图,通过剪切、折叠、切割、卷曲、粘贴等不同方式的加工处理,从而创作出各种各样的二维和三维空间造型。它可以创作粘贴绘画,可以制作立体感很强的二维浮雕造型,还可以创造各类立体形象。它是一种奇特的塑形艺工,能够在视觉上给人以半立体或立体的感觉和美的艺术享受。

二、硬纸工的工具与材料

硬纸工常用的工具有剪刀、刀子、镊子、圆规、双面胶、白乳胶或固体胶；主要材料是厚薄不同的各色卡纸、底纹纸或手工纸等。

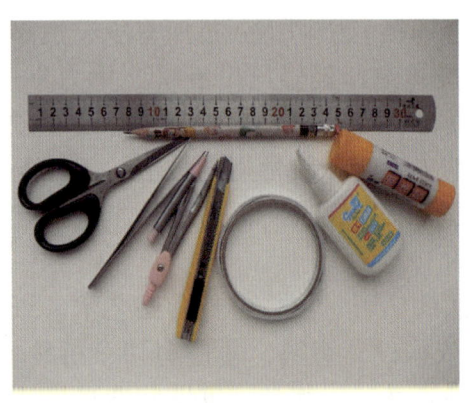 

三、硬纸工的基本技法

1. 折

折是纸造型中最基本的技法。而在硬纸工里也是很重要的技法之一，它和软纸的折法有所不同。下面我们就用图例给大家演示硬纸工的折法。

（1）直线折叠进行转折锐角的方法。

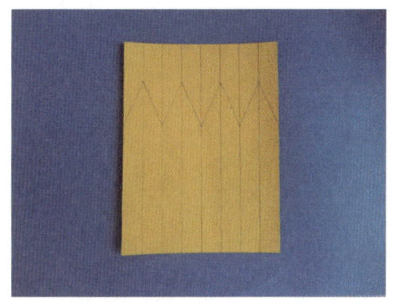  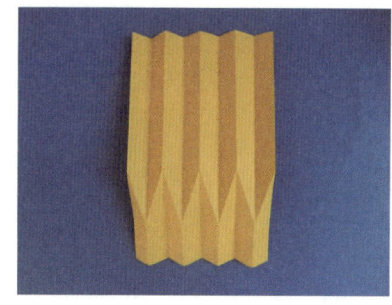

(1) 首先用铅笔和直尺在硬卡纸上画出相应的线条
(2) 用直尺和刀子背部沿线条轻轻压出痕迹
(3) 按照折痕将卡纸折成半立体造型，即完成

（2）转折出现正方形的折法。

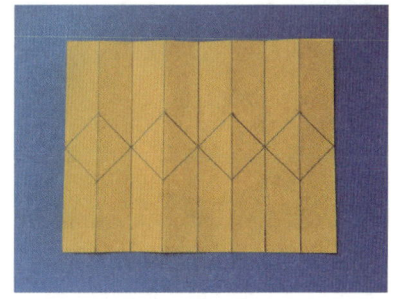  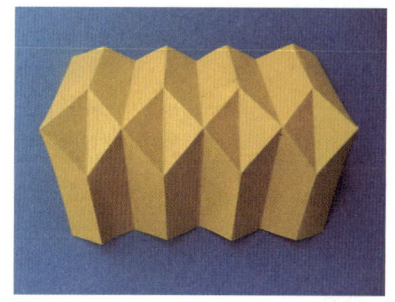

(1) 首先用铅笔和直尺在卡纸上画出图形
(2) 用直尺和刀子背部沿线条轻轻压出痕迹
(3) 沿折痕进行向里或向外翻折，形成半立体造型，即完成

（3）转折出现不规则形的折法。

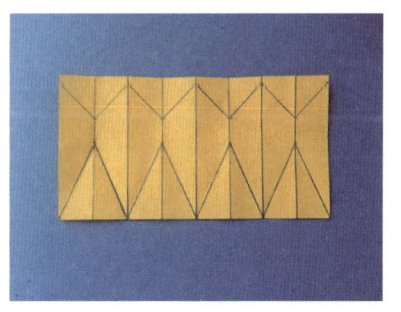  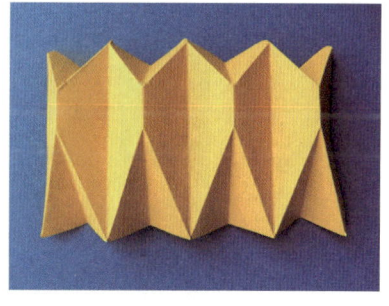

(1) 首先用铅笔和直尺在卡纸上画出图形
(2) 用直尺和刀子背部沿线条轻轻压出痕迹
(3) 沿折痕进行向里或向外翻折，形成半立体造型，即完成

（4）转折出现弧形的折法。

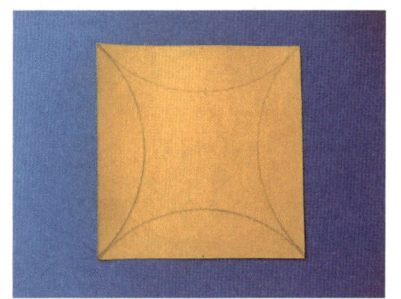 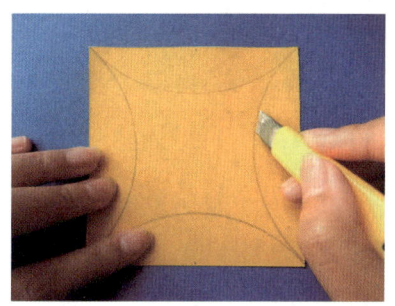 

(1) 首先用圆规在卡纸上画出图形
(2) 用刀子背部沿弧线线条轻轻压出痕迹
(3) 沿折痕进行向里折压，形成半立体造型，即完成

（5）转折出现圆形的折法。

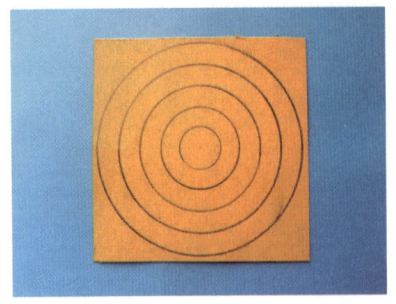
（1）首先用圆规以1:2:3:4:5的比例在卡纸上画出五个同心圆

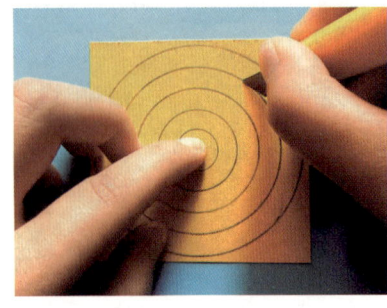
（2）用刀子背部将由里向外的四个同心圆轻轻压出痕迹

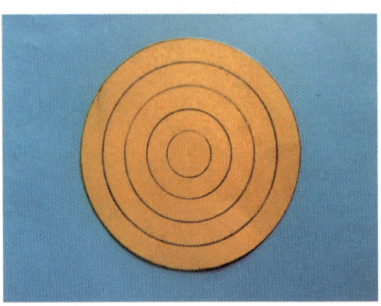
（3）用剪刀沿最外边的同心圆轮廓剪下

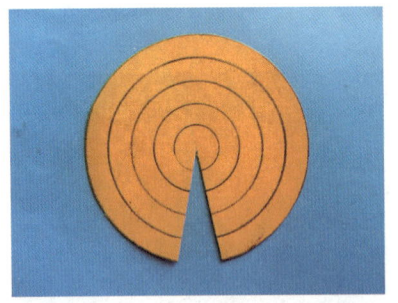
（4）圆心为顶点，剪掉一个约30°的小扇面

（5）沿折痕进行向上向下交错折压，捏着剪开的两端向里折合，围拢出凹凸造型

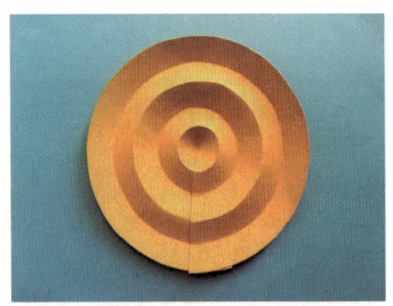
（6）用乳胶将剪开的两端黏合在一起（可依据向里黏合的幅度来控制隆起的高度）

（6）转折出现内切圆形或椭圆形的折法。

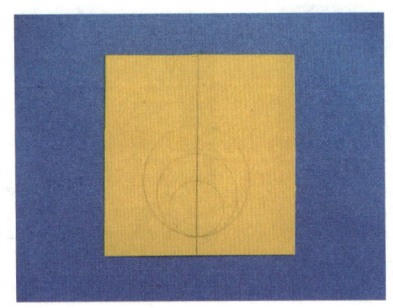
（1）首先用圆规在卡纸上画出三个半径不同的内切圆形

（2）用刀子背部将里面的两个内切圆轻轻压出痕迹

（3）用剪刀沿最外边的圆形轮廓剪下，并从切点向最小的圆形剪开一条半径

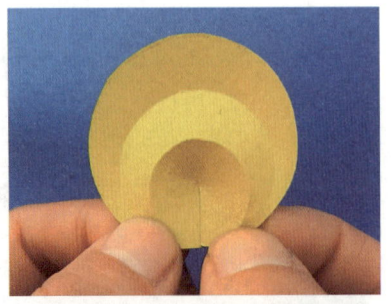
（4）沿折痕进行向上向下交错折压，捏着剪开的两端向里折合，围拢出凹凸造型

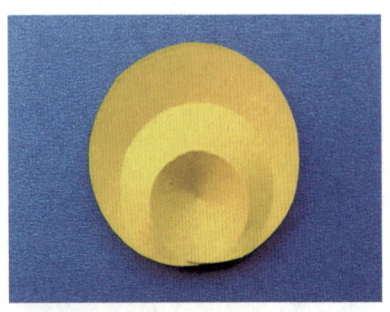
（5）用乳胶将剪开的两端黏合在一起（可依据向里黏合的幅度控制隆起的高度）

（7）转折出现自由形的折法。

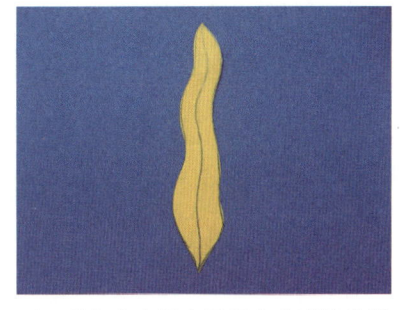  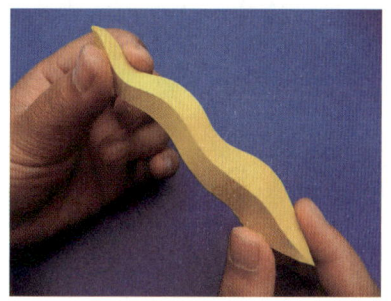

（1）首先在卡纸上画出自由形的外轮廓线，并将其剪下
（2）用刀子背面在造型中需要折压的线上轻轻压出痕迹
（3）用手沿折痕进行凹凸折压成型

2. 切

切是硬纸工造型中的常用手法，是指利用纸自身的弹性，采用规律性岔开剪法，使有限的平面产生较大的空间。要在实践中总结观察，因为纸的造型会随着纸质的优劣、所切间距的粗细、悬挂的时间以及受潮的程度等情况产生多变的形态。

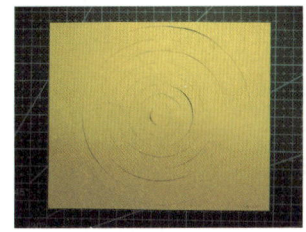  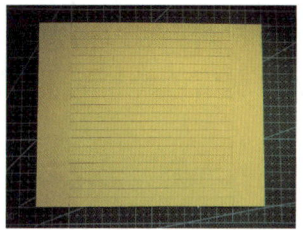 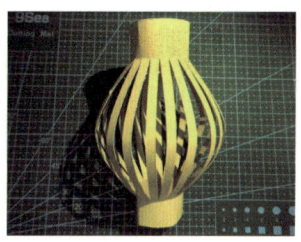

（1）圆形交错切线成可拉伸的悬挂物
（2）直线切开压合成灯笼造型

3. 组合插接

组合插接是硬纸工造型中的又一种技法，即以若干相同的等边三角形、正方形、圆形或其他形状，按一定规律、方向相互组合或插接组合而成的形体。

（1）圆形组合插接实例。

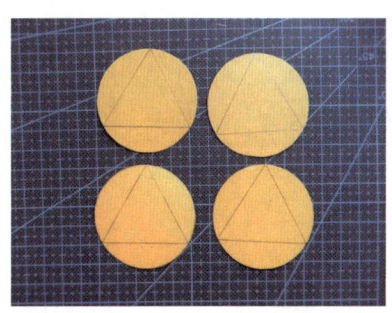 

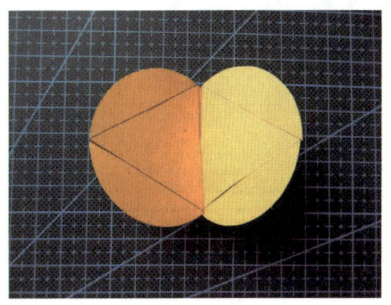  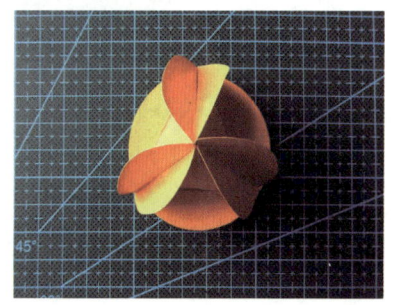

(2) 其他造型组合插接实例。

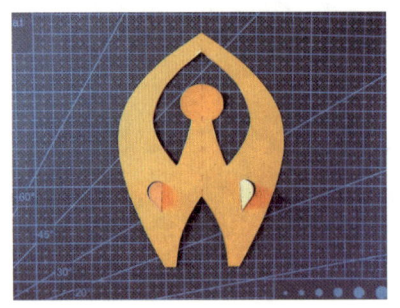 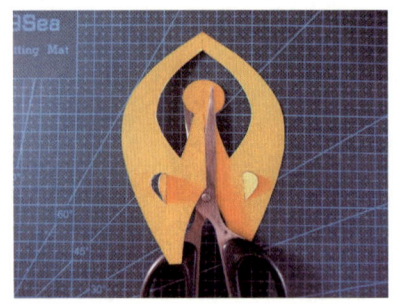 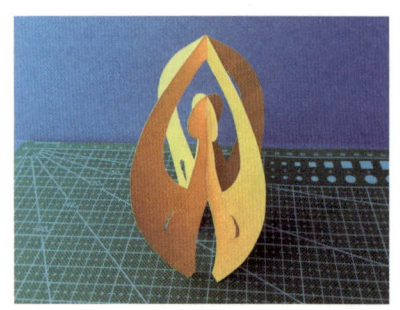

四、剪贴艺术

剪贴艺术是硬纸工最常见的表现形式，它主要用各种颜色的卡纸，根据造型需要，进行剪、贴的手工活动，一般以平面的图画模式出现，即剪贴画。剪贴画是一种特殊的画，和真正的绘画有所不同。剪贴画上面不出现线条和颜色，而是用各种彩纸剪贴而成。

剪贴画通过独特的制作技艺，对厚薄色彩不同的纸张依据图形需要进行剪切、拼贴，来表现漂亮的画面，它巧妙地利用色彩和纸张的特性，充分展示了卡纸的美感，使整个画面具有浓浓的装饰意味。

剪贴画有取材容易、制作方便、变化多样等特点，是一种深受少年儿童喜爱的工艺美术项目。它是一种极好的图像素材，剪好的单元图形，可以依据图形粘贴，也可以对它们进行任意组合，创作出别样的图像造型，就像孩子搭积木一样具有无限创造性。

1. 剪贴画实例制作步骤

(1) 先设计图稿，造型要简单概括，具有装饰美感，并把它画在硬卡纸上

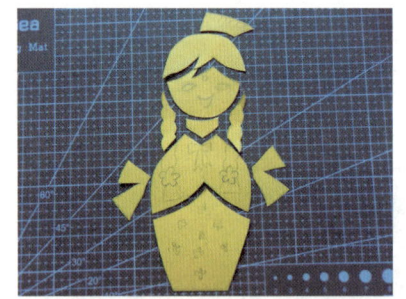

(2) 将每一部分分别剪下来

(3) 用选好的彩色卡纸剪好每一个单元图样

(4) 按先远后近、先下后上的顺序进行组合粘贴

(5) 调整画面，加边框进行装饰，完成作品

2. 剪贴艺术作品欣赏

手工综合教程

第一章 纸艺

五、纸艺浮雕

纸浮雕的起源可以追溯到中国汉朝纸的发明。在我国，纸雕是民间传统的手工艺术之一，聪慧手巧的农妇利用糊窗户剩下的边角料和废旧书纸，剪裁成长形或方形，反复折成风车、小鸟、房屋、花篮等形象的作品，或将多个造型粘贴在一定的承载物上组合成漂亮的图画，用来哄孩子们玩，并根据孩子喜欢模仿的特点，言传身教，启发孩子的想象力与参与创作的兴趣，代代相传，交流沿袭至今。随着纸材来源的普及和纸雕艺术的演进，纸浮雕的技巧更加精炼，式样品种更加丰富多彩，形成了它独具特色的艺术美。

纸浮雕是在平面构成、图案和立体构成教学中探索、发展、提高而创造出的一种新的基础课程。它的形态介于平面与立体之间，也被称为"半立体浮雕"，它是由平面造型走向立体造型的最基本练习，是在平面材料上对某些部位进行立体化加工，使之不仅在视觉上具有立体感，在触觉上也能感受到立体的存在。

纸浮雕和布贴画、纸贴画等一样受到选材和创作手段的限制。纸浮雕是用不同颜色的纸质材料，使用各类刀具创作出凹凸起伏的半立体艺术造型，具有较强的装饰效果。它有自己独特的创作特点，即简练、概括、夸张、装饰性强等；有独特的工艺技巧，即折叠、卷曲、粘接等。既有二维空间平面构成的基本元素，三维空间的形态结构，又有图案变化和夸张的艺术形式，而且能感受到制作的工艺美、材料美、形态美，表现出纸质造型的独特魅力。

纸浮雕作品形式丰富多样，生动有趣，不同形式的作品，有不同的造型特点和审美情趣。这些以纸为材料设计制作的工艺品默默地点缀着我们的生活，也给我们带来了很多乐趣。通过纸浮雕的设计练习，可以培养学生们的想象能力、创造能力、审美能力和动手操作能力，促进学生综合素质的提高，并为学生将来走向学前教育工作岗位，设计布置园舍环境打下良好基础。

1. 纸浮雕造型的特点

纸浮雕是一种非常精细的纸艺，即利用转、折、凸、凹、弯、剪、割、揉等方法表现立体效果与层次感，将纸张裁制成适宜的图形，再组合成自己所设计的理想造型。纸浮雕不仅让人体验动手带来的乐趣，同时纸浮雕创作的严格程序可以培养儿童逻辑思维和秩序感。

纸浮雕的表现题材极其丰富，可表现人物、动物、花卉植物、器物、景物等。在纸材的选择上也很灵活，可以是单色的，也可以是多色的，可以是单层成型的，也可以是多层组合的。纸浮雕具有独特的艺术美感，首先是它的形象概括、夸张，利用折、割、卷等技法，对形象进行概括，并夸张事物的主要特征做多种技法的综合运用，使作品具有丰富的韵律感和节奏感，让平面的纸张出现雕刻般凹凸有致的效果；其次是它的形象极具装饰意味，平面的纸材运用切割、折曲、叠压等技法，将其变为有立体感，有艺术感的作品，弧线的折曲，前、后、疏、密、层次的安排，色彩的巧妙设计与合理搭配，利用点、线、面、体的相互呼应，使作品产生节奏感和韵律感，极具装饰意味。

2. 纸浮雕的实例制作步骤

(1) 先设计图稿，造型要简单概括，具有装饰美感，并把它勾画出来；

(2) 依据图稿选择合适的纸张，按照硬纸工基本技法制作出每一个单元造型；

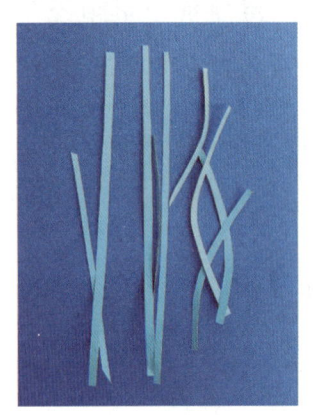

(3) 将每一个单元造型依据图形先下后上，先远后近的原则进行粘贴组合；

(4) 调整画面，加边框进行装饰，完成作品。

3. 游戏面具和头饰的制作实例

4. 纸浮雕作品欣赏

手工综合教程

第一章 纸艺

第一章 纸艺

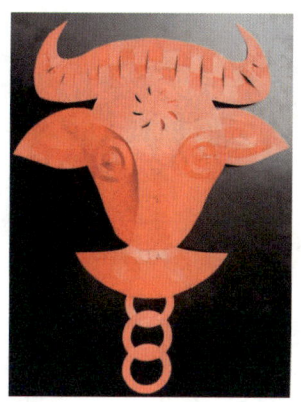

六、立体纸雕

立体纸雕是一种以纸为素材，使用刀具塑形的工艺，是立体构成的一种特殊表现形式。纸这种材料作为立体形式的表现物出现得非常早，中国民间很早就有手工扎作而成的人物、车、马、元宝、衣服等祭祀物品。

18世纪中叶，欧洲一群喜爱创作的艺术家开启了纸雕艺术的大门，他们利用简单的工具及不同的纸张，创作出许多主题式的纸雕作品。

随着纸材来源的普及和纸雕技术的演进，纸雕发展成一种赚钱的插图媒体。至今，纸雕仍是立体插图业的尖兵。西方许多美术学府都设有专系，教授纸雕及其衍生出来的各种立体创作方式。

加拿大纸雕艺术家卡尔文·尼科尔斯从1986年开始便一直从事纸雕艺术创作。他的作品被许多国际艺术机构、私人收藏家、出版商及北美各地画廊展出。手术刀片和纸是他工作当中不可缺少的工具，将画好的画逐个切成单个部件，最后将它们组合在一起，在展厅内的灯光下，纸雕立体感显得格外明显，尤其是纸张雕塑的微妙形式和纸张特有的质地会让我们为之惊叹。卡尔文·尼科尔斯的作品生动逼真，有很强的立体感：正在飞的老鹰栩栩如生，怀抱幼子的母猩猩的眼睛柔情似水，其中，呼之欲出的大眼青蛙的三维感最强，实在很难想象它是用纸片做出来的。

1. 立体纸雕的制作特点

立体纸雕主要利用不同质地、不同颜色的纸张，依据一定的构思设计图样，用剪刀、刀子等对其进行剪裁、刻制、按压等技法处理，用各类工具、胶水对其进行有目的的拼插、粘贴，最终组合成完整的具有三维空间感的立体造型。

2. 立体纸雕实例制作步骤

①按照构思的造型，把每一部分折剪出来；
②对每一部分进行细节刻画；
③依据造型进行组装粘合，完成作品。

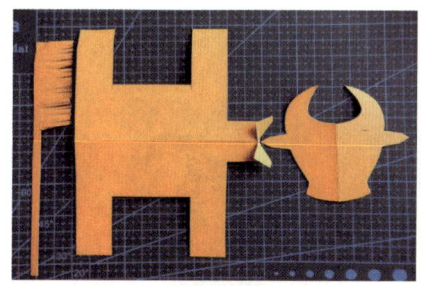  

3. 立体纸雕作品欣赏

手工综合教程

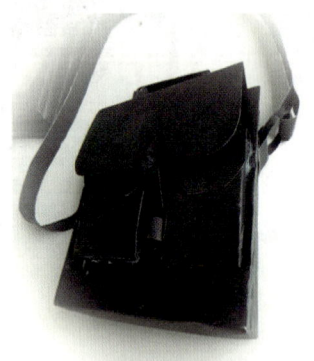

第一章 纸艺

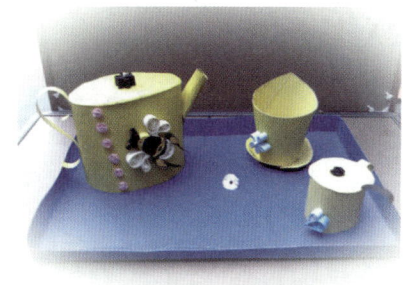

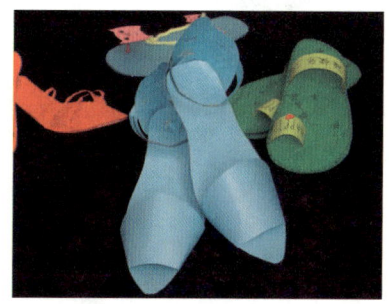

第四节 综合纸艺

一、综合纸艺概述

综合纸艺主要是相对于专业的折剪艺术而言的。主要指用各类纸张通过一定的技法，进行艺术处理、加工而成的纸质艺术品。综合纸艺取材方便，表现形式丰富多样，融合折、剪、粘贴、组合、拼插等多种技法，既可表现人物动物，又可表现风景器物，还可制作成漂亮的艺术插花、极具装饰意味的装饰画等，是幼儿园环境布置的重要组成部分。

本部分主要学习衍纸艺术、瓦楞纸造型、纸艺花卉等内容。平面的彩色纸张依据设计意图，灵活运用各类技法，通过剪切、折叠、切割、卷曲、粘贴等不同方式的加工处理，创作出各种各样的极具装饰意味的艺术作品，给人以美的享受。

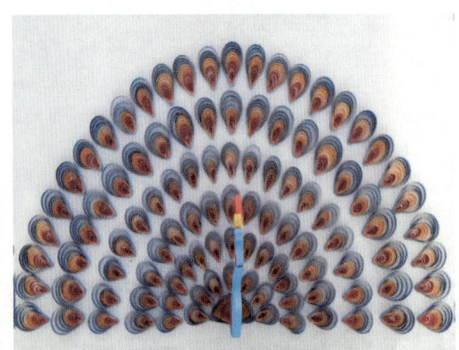

二、衍纸艺术

1. 衍纸艺术概述

衍纸艺术又叫"纸条艺术"或"卷纸艺术"。它是融合绘画与雕塑为一体的一门边缘学科，是纸艺家族中优雅的典范。

衍纸艺术起源于古埃及，后被西欧修女和贵妇所掌握使用，她们多用来装饰圣物盒和神画，以此来拉近人和神之间的距离，后来随着西欧的殖民文化传入北美，被北美人民掌握使用，及至后来随着人类的流动迁徙传遍世界各地。发展到现在，衍纸艺术又加入了现代时尚元素，表达方式丰富多彩，巧妙的设计本身更是将纸艺固有的艺术气息展现得淋漓尽致。材质也在演变改进中越来越丰富多样，金属、木材、玻璃、塑料等也都融入了衍纸艺术的创作之中。至此，古老的衍纸艺术摇身一变，成了简洁时尚，或是古朴自然，再或者是高贵典雅的各类实用装饰或艺术品，走入我们生活装饰的方方面面。

2. 衍纸艺术的工具材料

"工欲善其事必先利其器"，制作纸条粘贴画必备的工具和材料有：剪刀、刀子、速干白乳胶、底版纸、彩色纸条、衍纸笔或牙签、镊子等。

3. 衍纸基本形制作

常言道"不积跬步，无以至千里，不积细流，无以成江河"。那么，这些基本形就相当于我们学习衍纸造型的跬步和细流，是最基础的部分。基本形对学习衍纸画非常重要，基本形有很多种，其中最常用的有：紧卷、松卷、水滴卷、月牙卷、弯曲卷、叶形卷、眼形卷、半圆卷、箭头卷、V形卷、心形卷、三角卷、方形卷、鸭掌卷等。

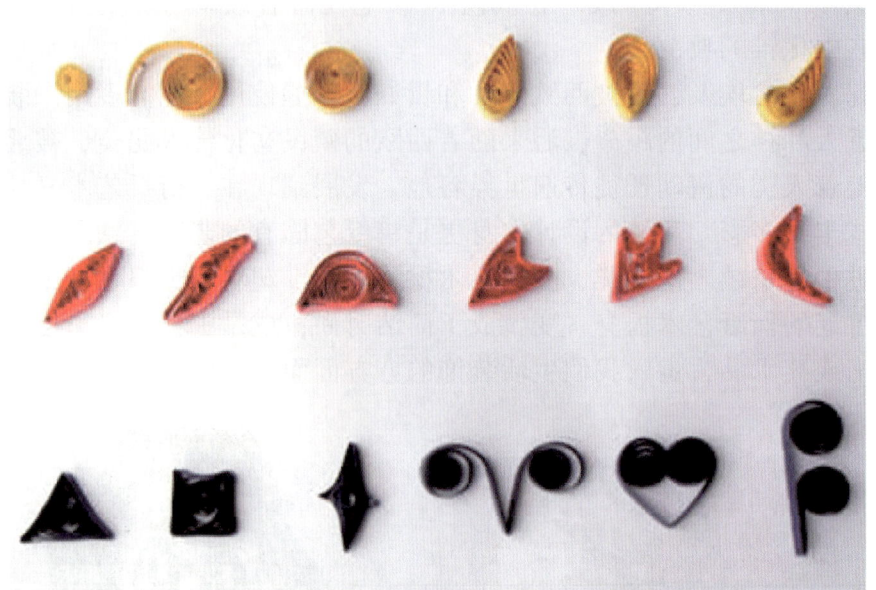

4. 衍纸画创作步骤

（1）蝶恋花。

 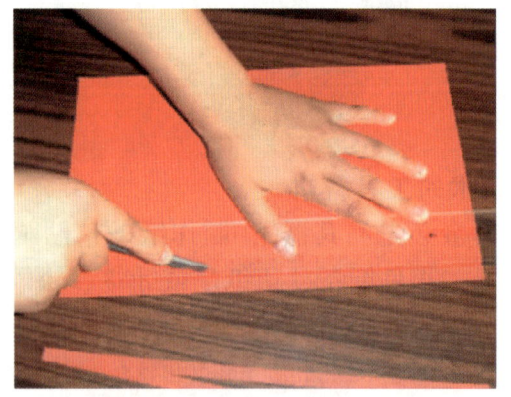

(1) 构思，并合理安排构图，画出图样　　(2) 根据需要把彩纸裁成 5mm 宽的细纸条

(3) 按照构思图稿，依据形状，选择不同颜色的纸条来制作各部分所需的小零件

(4)最后,将做好的小零件按图样摆放在底版纸上,固定完成

(2)松鼠。

(1)构思,并合理安排构图,画出图样

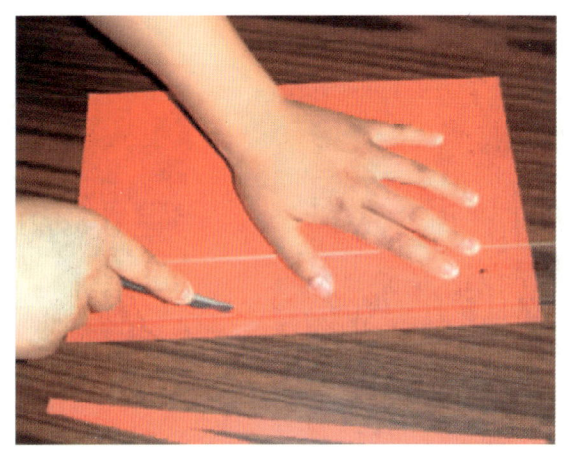

(2)根据需要把彩纸裁成5mm宽的细纸条

(3)按照构思图稿,依据形状,选择不同颜色的纸条来制作各部分所需的小零件

(4)最后,将做好的小零件按图样摆放在底版纸上,固定完成

5. 衍纸艺术欣赏

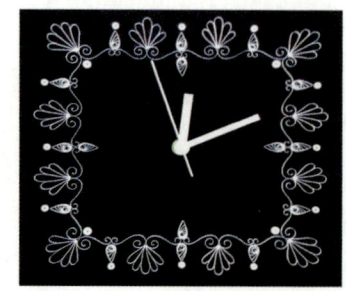

第一章 纸艺

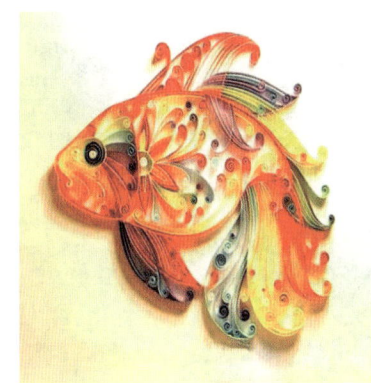

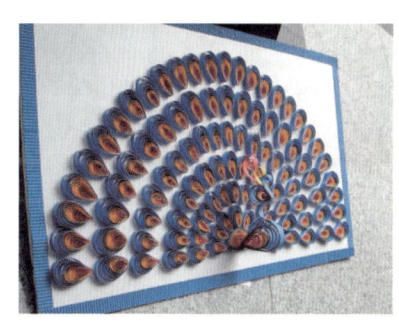
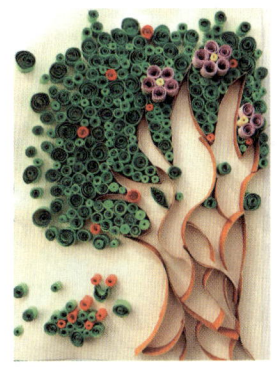

手工综合教程

第一章 纸艺

手工综合教程

第一章 纸艺

三、瓦楞纸艺术造型

1. 瓦楞纸艺术造型概述

瓦楞纸是由挂面纸和通过瓦楞辊加工而形成的波形的瓦楞纸粘合而成的板状物，一般分为单瓦楞纸板和双瓦楞纸板两类，按照瓦楞的尺寸分为：A、B、C、E、F 五种类型。瓦楞纸板始于 18 世纪末，19 世纪初因其量轻而且价格便宜，用途广泛，制作简易，且能回收甚至重复利用，使它的应用有了显著的增长。到 20 世纪初，因能为各种各样的商品制作包装而获得全面的普及、推广和应用。由于使用瓦楞纸板制成的包装容器对美化和保护内装商品有其独特的性能和优点，因此，在与多种包装材料的竞争中获得了极大的成功。成为迄今为止长用不衰并呈现迅猛发展的制作包装容器的主要材料之一。

然而，瓦楞纸除去它独特的商业价值之外，也被善于发现和探索的艺术爱好者们赋予了更加美好的艺术价值。人们利用它自身的纹理特点，通过剪切、卷曲、按压、粘贴组合等技法将其制作成精美的艺术品，美化我们的生活。

2. 瓦楞纸艺术的工具材料

制作瓦楞纸作品必备的工具和材料有：剪刀、刀子、速干白乳胶、瓦楞纸、色卡纸等。

3. 瓦楞纸制作技法

瓦楞纸的制作技法和衍纸艺术较为相似，也是通过卷、粘、组合等技法进行塑形的。

4. 瓦楞纸实例制作步骤

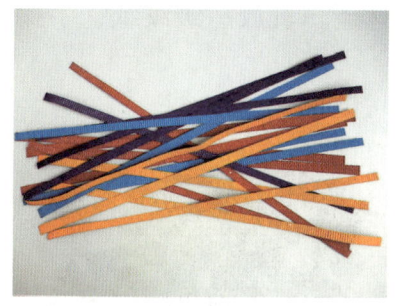

(1) 构思，并将纸材依据构思图形进行分割

(2) 按照构思图形，用分割好的瓦楞纸进行卷压，制作出各部分所需的小零件

(3) 将做好的各部分小零件依据构思图样进行组合粘贴，装饰细节，调整完成

5. 瓦楞纸作品欣赏

四、纸艺花卉

1. 纸艺花卉概述

纸是可塑性非常强的一种手工制作材料。纸的种类繁多，特性各异，不同的纸张有不同的属性和造型特点。用纸制作出来的花卉非常逼真，生动形象，有的甚至能达到以假乱真的境界，是装饰环境、美化生活的绝佳选择。学习制作纸艺花卉的过程更是陶冶情操，提高审美修养的很好方式。

纸艺花卉主要是选取适当纸材，依据所要塑造的花卉形象特征，用剪刀、刀子、乳胶或胶水等工具对其进行剪切、卷压、粘贴组合等方式加工处理，制作出精美的漂亮的纸艺花束。纸艺花卉取材方便，造价低廉，制作方法简单易学，既可以广泛应用到幼儿园的环境装饰中去，又可以直接拿到幼儿园的课堂中来，和孩子们一起动手制作简易漂亮的纸艺花。

2. 制作纸艺花卉的工具材料

制作纸艺花卉必备的工具和材料有：剪刀、刀子、固体胶、速干白乳胶、皱纹纸、手揉纸、花蕊、花秆儿、叶片等。

3. 纸艺花卉制作技法

纸艺花卉的制作技法主要有剪、卷、组合粘贴等。剪，主要是依据所要制作的花卉，用剪刀将纸材剪切成合适的形状；卷，主要是塑形，把花瓣或者花蕊，用手或是笔芯等工具，将其卷压出一定的形状；组合粘贴，主要是把做好的每一部分零件，拼装在一起，完成作品。

4. 纸艺花卉实例制作步骤

（1）玫瑰花。

  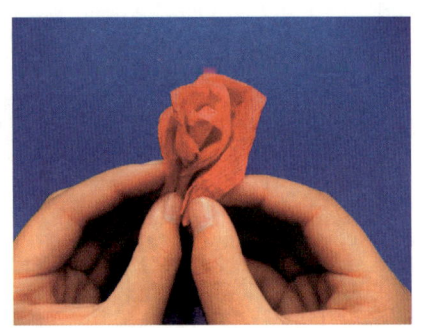

(2)康乃馨。

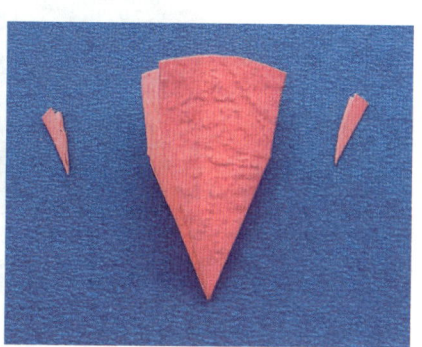
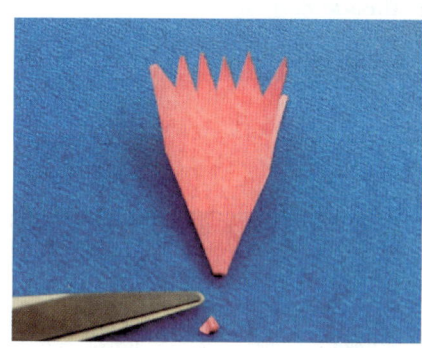

手工综合教程

（3）百合花。

第一章 纸艺

5. 纸艺花卉作品欣赏

手工综合教程

五、其他纸艺造型欣赏

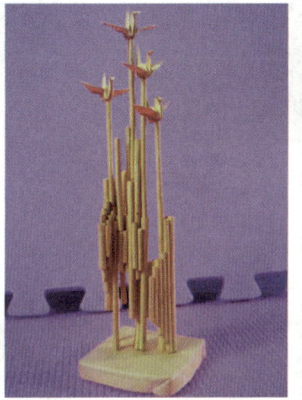

手工综合教程

第一章　纸艺

第二章　布艺

　　布料不仅是制作衣物的材料，更是常见的手工制作材料，它质地柔软，给人温暖亲切的感觉。用布料制作手工作品不但加工方便，而且色彩丰富、形式多样，有很强的装饰性和实用性。布艺作品既可以用来美化装饰幼儿园环境，又可给幼儿做玩具和教具。在幼儿园使用布艺手工作品，还能给孩子温暖如家的感觉。

　　布艺拥有独特的艺术魅力，其结构、造型、色彩、动感及透视，通过布料的纹样、色彩、质感取得独特的装饰效果。布艺手工有着悠久的历史渊源，如庆阳香包、陕北虎头鞋和虎头帽等都是流传久远的中华民族传统的民间工艺。

　　布艺造型也包括平面造型和立体造型，如布贴画、扎染艺术、袜子娃娃、实用布艺、布玩具等。布艺加工的手法主要有剪、贴、绣、拼、缝、扎、嵌等。

　　本章主要通过布贴画、布偶与线偶、丝网花等门类，学习基础的裁剪、缝纫技巧，尝试创作布艺风格的装饰作品，丝网艺术的学习更能锻炼学生的造型能力，提高审美素养，为未来的幼教工作奠定良好基础。

第一节 布贴画

一、布贴画概述

布贴画是一种古老的民间贴补工艺，历史悠久，流传广泛。布贴画又叫布堆画、布贴花、布掇花，还叫拨花。采用不同色彩、不同质地、不同形状的布块，利用布料的天然纹理和花纹，通过布缝和补花手工艺，运用剪切、粘贴等方法制作出漂亮的工艺美术作品。操作时，用剪刀代笔，以布为色块，充分利用布的颜色、纹理、质感，通过剪、撕、粘等方法拼贴。其作品色彩独特，集工艺性、艺术性于一体，具有笔墨所不能及的特殊效果。

二、布贴画的特点

布贴画是一种漂亮的工艺美术作品。它借助于人的艺术素养、劳动技能，利用各种布料的色彩、质感制作而成。它和其他工艺作品一样，从劳动中产生，在劳动中发展，是人类创造的艺术文化的一部分。布贴画主要以提炼、夸张的手法来进行艺术创作，取材方便、制作简单、效果独特。布贴画的表现内容丰富多样，特别适合表现人物、动物、风景等题材，如民间传说、喜剧人物、民俗生活、动物花卉和各种吉祥图案等，还可以制作成贺卡、装饰画、墙报等来美化生活。

布贴画取材方便，操作简单，造型自然流畅、工艺精美、情趣各异、风格独特，适合于装饰不同居室、场所。布贴画特别适合于幼儿园的教学及墙壁装饰，它既培养了幼儿动手动脑的能力，同时又美化了教室环境。布贴画作为室内装饰品和艺术礼品，在国内外都备受欢迎。

三、幼儿园开展布贴画学习的意义

布贴画所用材料大多是被人们遗弃的废料废品，这种变废为宝的手工创作活动有助于减少生活垃圾，抑制"白色"和"黑色"污染，改善生存环境。

布贴画作为一种培养创作意识、设计思维、动手制作能力的教育活动，对于提高幼儿的审美水平、观察能力和艺术修养，都有很大的积极作用。而且有助于提高幼儿在未来从事生产劳动、发明创造与美化生活等方面所需的基本素质，具有重要的教育意义，激发幼儿对美好生活的追求与向往。

四、布贴画作品欣赏

第二章 布艺

手工综合教程

第二节 布偶与线偶

一、布偶和线偶概述

布偶是幼儿园的主要游戏道具和玩教具内容之一，其材料易找，做法简单，是老师和家长最喜欢的自制玩教具题材。线偶也是简单易学的内容之一。布偶和线偶装饰效果很好，既适宜幼儿动手操作，又是装饰环境的极佳选择。

线偶主要用毛线作原材料，通过缠绕、捆扎、修剪、装饰等技法，或是通过钩织等方式来进行形象塑造，还可以借助于乒乓球等辅助物品，创作出造型生动形象的各类线偶造型。布偶类玩教具可分为怀抱布偶、布袋布偶、指套布偶等。

二、制作布偶与线偶所需的工具和材料

制作布偶和线偶所需的工具材料主要有：针、线、剪刀、胶棒、熔胶枪、布料下脚料、旧领带、毛线、乒乓球、棉花、丝棉、药材、香料等填充物。

三、布偶的制作方法

1. 玩偶小熊的制作步骤

（1）根据个人喜好以及制作意图挑选合适的布料

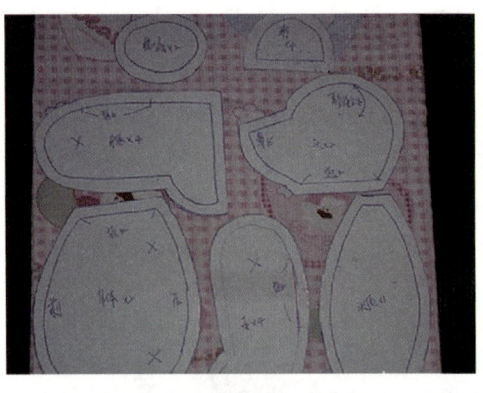

（2）根据图纸制作卡片纸样后，在布料上面进行绘制

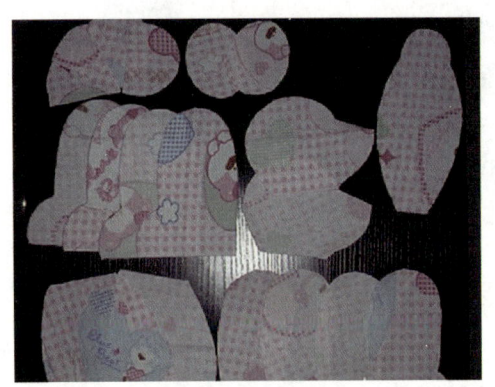

（3）剪裁布料，按照画好的图样进行剪裁，头部3片、耳朵4片、身体2片，胳膊4片、腿4片、脚底2片

（4）按照1厘米留缝，以及图纸要求的返口留白，进行缝制，会加快制作进度，缝制完毕后记得在留缝处剪一些小豁口，方便翻过来之后外观美丽规矩

（5）缝制好每一个部分，翻过来填充珍珠棉，要填实一点，这样玩具的型会比较饱满。在收口处用藏针法收口

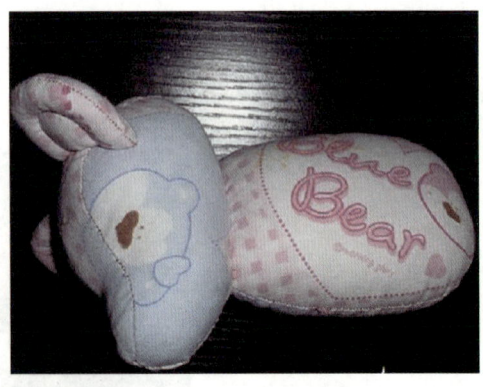

（6）各部分缝制好之后，开始进行组装。原则是，先组装头和耳朵、接着是头和身体

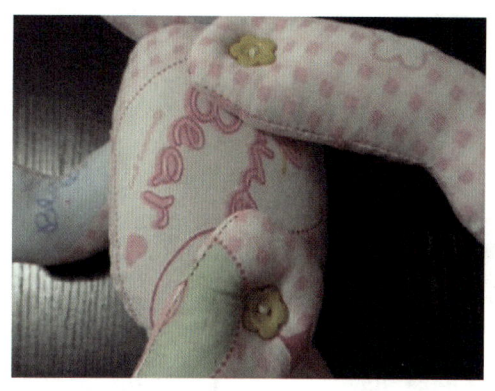

（7）组装四肢，先组装胳膊，每一个胳膊搭配一个纽扣，双腿的组装方法同胳膊一样

（8）进行面部的装饰，缝制眼睛以及脖子处的领结。最后用布帖的方式贴鼻子，调整完成

2. 布偶鱼的手工制作步骤

（1）根据构思图样，剪两块大布块，做鱼的身体，剪一些小布块做装饰和尾巴

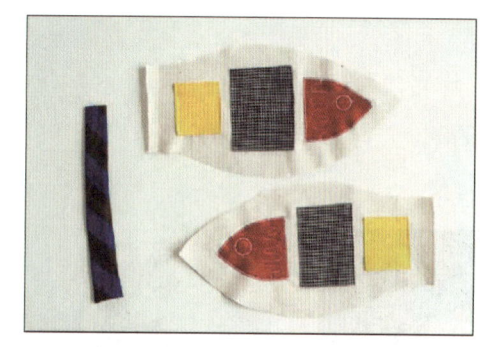

（2）把小布块缝到大布块上

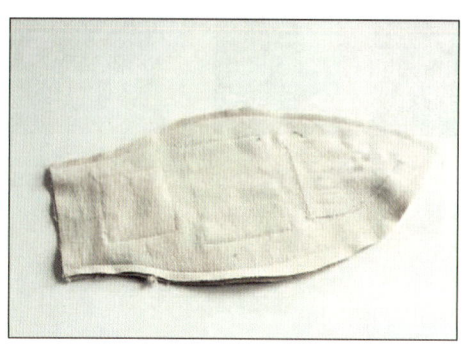

（3）把两个大布块缝到一起，尾部不要缝上

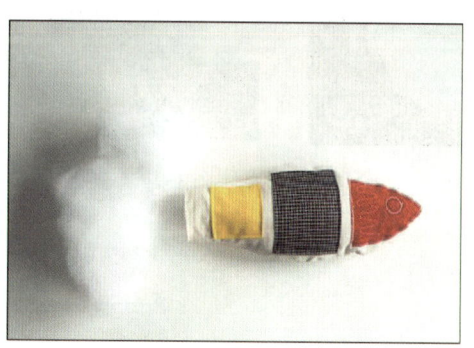

（4）翻过来用准备好的填充物，填满鱼的身体

（5）缝上鱼的尾巴，作品完成

四、布偶与线偶作品欣赏

第二章 布艺

手工综合教程

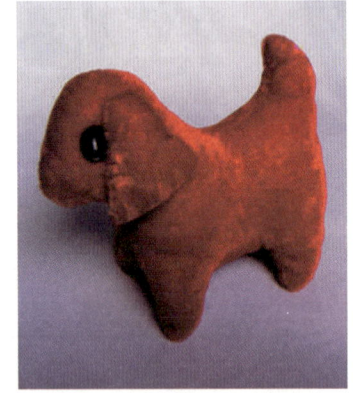

第三节　丝网花艺术

一、丝网花概述

丝网花最早起源于日本，在当地被称为"东篱花"。由于制作丝网花的基本材料是普通的丝袜，因此也被称为"丝袜花"。丝网花在日本最初是人们将破损的弃之可惜又留之无用的丝袜，经巧妙构思创作出来的，并逐渐风靡全日本，成为许多家庭主妇的新宠。

20世纪90年代初，当时的中国纺织大学（现已改名东华大学）服装学院吴静芳教授从东京将丝网花艺术带回上海。自1993年起，吴静芳教授在其本科生、研究生服饰品设计和研究的课程中，加入了丝网花艺术的教学内容。近20年来，吴静芳教授通过出版教材（共20余本）、举办展览和开办各种层次的培训，培养了一批又一批的中国丝网花艺术家和手工制作艺人，不仅带动了中国丝网花材料与工具的产业化，而且推动了丝网花艺术在祖国大江南北生根和开花。1999年起，东华大学老年大学开办了全国第一个丝网花艺术初级班、提高班、研究班和师资班，并一直延续至今。

东华大学老年大学的丝网花艺术的题材和品种非常丰富，由原来单一的花卉植物类，已拓展为多品种的动物类、人物类、风景类等，不仅有最常见的插花，还有服饰和镜框画等。

丝网花色彩艳丽，造型丰富，由于具有半透明的特性，因而富有独特的艺术表现力和感染力，是仿真花卉中的一朵奇葩。第一眼看到丝网花的人，都被丝网花独特的魅力所折服，并发出由衷的赞叹。丝网花制作简单，易于掌握，而且根据人们不同的感受可以任意变形，往往是一种制作产生多种效果，这是其他仿真花难以做到的。随着丝网花艺术被越来越多的人们所认识和接受，丝网花正在成为一种新的装点家居美化生活的理想花卉。

二、丝网花的特点

丝网花主要以色彩鲜艳的尼龙丝网为主要材料，辅以五彩金属丝，再配上其他装饰材料，手工扎制而成。具有极强的质感，花形逼真，犹如鲜花一般，欣赏及装饰效果颇佳。而且色泽多样，可根据个人要求进行选择搭配，不易褪色，历久如新，清洁起来亦相当方便。现已风靡中国大陆，是时尚家居装饰之佳品。花的颜色丰富，造型生动逼真，形式多样，丝网花用的丝网近似于丝袜，但比丝袜有弹性，且不易抽丝。它的主要特点是可塑性强，扎好基本形状后，可以任意变换成各种形态。参与性强是它的又一个特点，任何人都可以在很短的时间内学会，只要肯动手，就可以创造出优秀的艺术品。丝网花不但可以做成花束，还可以将其做成胸花、发夹、各类人物、动物、植物、水果、蔬菜等工艺品。

三、学习丝网花的意义

丝网花简单易学，操作方便，成本低廉，学习起来兴趣盎然，看着一朵朵栩栩如生的花卉从自己手里诞生，那种成就感溢于言表。心灵手巧的学生们可以达到随心所欲的境界，大自然的一草一木，一花一果，都能用丝网花巧妙地模仿下来，品种繁多，令人痴迷。每逢节假日走亲访友、亲朋生日或喜庆之事，捧一束自己亲手做的丝网花馈赠亲友，看着朋友们惊叹和喜悦的眼神，那收获可不是金钱所能够替代的，既拉近了友情，同时也丰富了学生在校期间的业余生活，也可为将来幼教工作中装饰环境和丰富课堂奠定基础。

四、制作丝网花所需的工具和材料

丝网花制作所需要的工具有：套筒（大，中，小）、尖嘴钳、剪刀、尼龙丝线、各色纸胶带。套筒有的一套6个，有的一套8个，适合不同花形的需要。如果没有套筒也可用日常生活中各种粗细的圆柱形器物代替。尖嘴钳，主要供绕卷时拧合两根铁丝和剪断各种粗细铁丝时使用，以小巧灵活为宜。剪刀主要用于剪断尼龙丝网，以头部尖、刀刃锋利、小巧灵活为宜。尼龙丝线弹性很好，适宜用来捆扎丝网，不仅细而且牢，且有一定弹力，所以结捆数圈后不用打结，拉断后不会松散脱落，用起来很方便，色彩可依据需要自行选择，如果没有也可以用普通的缝纫线来代替。各色纸胶带拉伸性能良好，越拉黏性越大，主要用于将各部分零件进行组装拼合。

制作丝网花的材料主要有两种，一种是绕线圈用的铁丝，另一种是尼龙丝网。铁丝材料有粗细软硬之分，以便于塑造各种大小不一的花形。一般用的彩色铁丝常用金色、银色两种，常用型号有20号、22号、24号、26号、28号，最常用的为24号，如果制作饰品或小配件等则可用26号或28号；丝袜分三种，有单色丝袜、双色丝袜和金银丝袜。

辅料主要包括：花芯、叶片、花苞、花梗等。花芯花色品种很多，常用的就有好几十种，如泡沫花芯、晶莹花芯和珍珠花芯；叶片既可以自己制作，也可以买现成的，各类仿真叶子，如荷叶、玫瑰叶、牡丹叶、百合叶等都可以买到；花苞如百合、荷花之类的都有仿真花苞，可以为丝网作品增色添彩；花梗多为铁丝外包绿纸而成，有粗有细，可依据制作的花形需要进行选择。

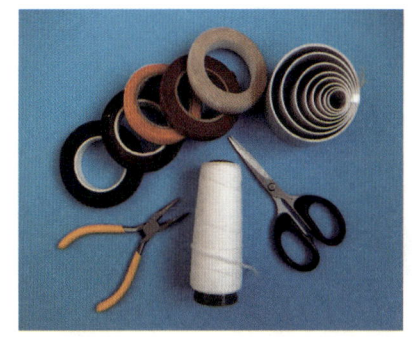  

五、制作丝网花的基本步骤

绕圈、网丝、组装和造型是制作丝网花的四大基本步骤。

1. 绕圈

在花瓣、花托和叶的制作中首先需要把彩色金属丝绕成圈,就像是它们的骨架。对于大的花瓣、叶及花托需要一片一片地制作;绕圈的方法是,把彩色金属丝绕在套管上1卷,金属丝首尾交叉,两端各留1.5cm剪断,然后拧在一起,根据花瓣数量绕出所需的金属圈。

2. 网丝

网丝在制作丝网作品时是很关键的一步,网丝的方法是,在金属圈上平整地套上丝网,向圈的根部拉拢,然后用丝线在圈的根部捆扎牢固,拉断即可,剪断多余丝网,最后就可以随意捏压花片形状了。

3. 组装

先把花芯固定在花梗上,然后把一片花瓣扎在与花芯连接的花梗上,不拉断线,继续扎下一片花瓣,重复把所有花瓣扎完,再拉断线,把花托固定在花梗上,花梗的适当位置扎上一片叶子,然后扎第二片叶子,用绿色或棕色自粘带包扎花梗,完成组装。

4. 造型

丝网制作的花瓣、花托和叶子可以任意拉伸和弯曲,按花卉的种类以及花朵的盛开情况对花瓣、花叶、花萼和花茎进行各种拉伸和弯曲处理,并对其进行造型加工。

六、实例学习

1. 玫瑰花的制作步骤

手工综合教程

2. 百合花的制作步骤

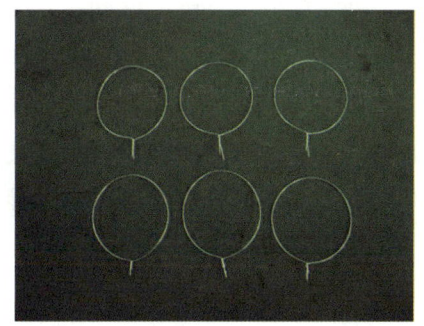
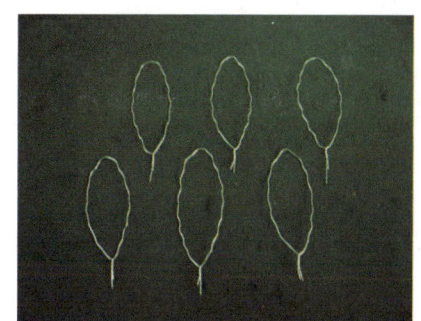

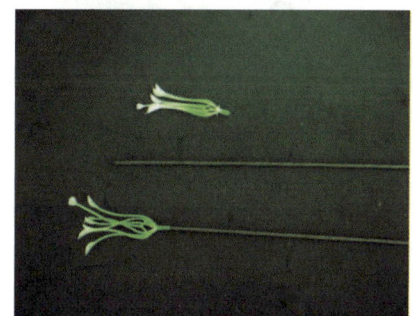

3. 爱丽丝的制作步骤

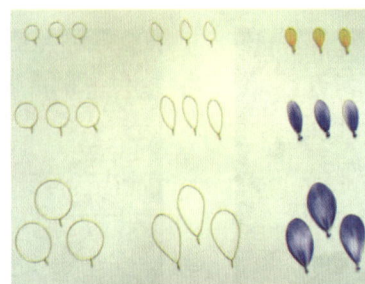

七、丝网花作品欣赏

第二章 布艺

手工综合教程

第二章 布艺

手工综合教程

第二章　布艺

第四节　其他布艺作品欣赏

布艺还有很多门类，比如布嵌画、蜡染、扎染、不织布造型、钥匙链、拼布艺术等。无论以什么样的方式表现，布艺都展现了它独特的艺术魅力，装点、美化着我们的生活。以下附以各类优秀布艺作品图片，以供欣赏。

第二章 布艺

手工综合教程

第二章　布艺

手工综合教程

第二章 布艺

第三章 泥工

第一节 泥工概述

一、传统泥工

泥工又叫"泥塑",是属于雕塑艺术的一种,传统泥塑是用泥土塑制成各种形象的物品,并通过上色装饰而成的一种民间手工艺,民间又称其为"彩塑"或"泥玩"。

泥工是幼儿园较常采用的一种教育教学题材,它不仅可以培养孩子们的动手操作能力,也能增强孩子的立体空间概念,又是幼儿园游戏道具的绝佳选择。本章我们主要通过对泥工基础知识、超轻黏土造型和陶艺制作三个章节来学习泥工,为学前教育专业的学生将来能更好地投入工作打下良好基础。

我国的泥塑艺术最早可追溯到距今一万年前的新石器时代。到了汉代,先民们认为亡灵如人生在世,同样有物质生活的需要,因此在丧葬习俗中出现了大量用泥塑制成的陪葬品。两汉以后,随着道教的兴起和佛教的传入,社会上的道观、佛寺、庙堂兴起,直接促进了泥塑偶像的需求和泥塑艺术的发展。到了唐代,泥塑艺术达到顶峰。宋代开始,不但宗教题材的大型佛像继续繁荣,小型泥塑玩具也开始发展起来,有许多人开始专门从事泥人制作,作为商品出售。元代之后,历经明、清、民国时期,泥塑艺术品在社会上仍然流传不衰,尤其是小型泥玩,既可观赏陈列,又可让儿童玩耍,几乎全国各地都有生产,其中著名的有无锡惠山泥人、天津"泥人张"、陕西凤翔泥塑、淮阳"泥泥狗"、河南浚县"泥咕咕"、老北京"兔儿爷"、山东"泥叫虎"等。

1. 无锡惠山泥人

惠山泥人名扬中外,其题材丰富,技艺精湛,惟妙惟肖,雅俗共赏。其中,手捏戏文是重要品种之一,作品取材京、昆戏剧中的精彩场面,通过艺人们的一双巧手,运用揉、搓、捏、拍、压、插等手法,创造出极为生动的形象,色彩华丽,耐人寻味,其技艺令人叫绝。郭沫若先生曾写诗赞美惠山手捏戏文:"造化眼前妙,须臾出手中"。

另外,在惠山泥人中,人们最熟悉的,也最受欢迎的当属惠山大阿福,其造型单纯,用笔粗放,色彩明快,形神兼备,一副孩子气,一脸福相,确实惹人怜爱。当地至今还流传着这样一个传说:古时,惠山有四只怪兽,即毒龙、恶虎、臭鼋和刁马,经常伤害人畜,践踏庄稼,后来有个天神"沙孩儿"(化名阿福)入山与四怪搏斗,四怪被除,阿福亦因失血过多离开人世。因此,人们就用巧手捏制了他生前形象,以作纪念。大阿福经过历代艺人的再三创作,终至栩栩如生,给人以健康、幸福和美好的感受。

2. 天津"泥人张"

天津"泥人张"是流传于北方的一派民间彩塑，它创始于清代道光年间，流传、发展至今已有180年的历史。泥人张彩塑具有鲜明的现实主义艺术特色，能真实地刻画出人物性格、体态，追求解剖结构，夸张合理，取舍得当，用色敷彩，匠心独具，形成了独立的体系，达到了形神兼备的程度，令人爱赏不已。

"泥人张"的创始人是张明山，他从小和父亲学习泥塑制作，他继承了传统的泥塑艺术，从绘画、戏曲、民间木版年画等姊妹艺术中吸收营养。他的泥人具有浓厚的趣味性，作品深受社会各界喜爱。

"泥人张"的制作工艺主要有：拍、捏、压、挑等。拍是将泥拍出大体形块；捏是用手捏出人物的形体、姿态；压是用特制的"压子"工具压出衣纹细部；挑是用泥刀挑出五官与手脚等细小的形状结构与纹路；最后是调整和细部雕琢，待泥自然风干后施彩。泥人张的作品高度在30厘米左右，可摆设在案头或书架之上，其作品追求真实，注重神态的刻画，还讲究"趣"、"美"，作品既有形象美、动态美，又有肌理美、色彩美。如今，泥人张彩塑艺术历经四代人的努力，一百多年的精心传承，不管在制作工艺上还是表现风格上，都日趋成熟，"泥人张"成为天津乃至中国彩塑界一颗璀璨的艺术明珠。

3. 淮阳"泥泥狗"

"泥泥狗"是河南省淮阳县著名的传统手工艺品，是豫东一带妇孺皆知的泥塑艺术品。"泥泥狗"是一种黑色泥塑玩具，以黑为基调，黑色上再施以红、黄、青、白色，色彩对比强烈，而又不失和谐。泥泥狗是淮阳太昊陵"人祖会"中泥玩具的总称，是原始图腾文化下产生的一种独特的民间艺术，又称"陵狗"或"灵狗"。"泥泥狗"与远古传说中的伏羲与女娲相关，老艺人说，他们的泥塑手艺是"人祖"伏羲与"人祖姑姑"女娲传下来的。"泥泥狗"表现的题材十分广泛，它的形象都是一些叫不出名字的奇鸟怪兽，如天上的飞禽，地上的走兽，其造型虚幻、神秘，林林总总的怪异形体中有九头鸟、人头狗、人面鱼、猴头燕、蟾蜍、蜥蜴、豆虫、蝎子等，还有各种抽象、变形的多种怪兽复合体共约200余种。个个充满着一种虚幻超脱的神秘感，散发出浓郁的乡土气息和野性芬芳，仿佛把我们带回到了远古的"图腾"时代。

淮阳"泥泥狗"造型古拙、怪诞，色彩艳丽，以黑色垫底，周身施以五彩纹饰，释放出一种原始图腾艺术的魅力，使古老的泥塑艺术具有强烈的视觉冲击力和现代感。其中"人面猴"的形象被视为"人祖猴"，其造型肃穆、神圣，绝无一般玩具中动物猴的顽皮神态。

泥泥狗作为远古的民间艺术流传至今，其实质上是一种原始图腾文化的拓展和延续，给人以永恒的生命印象。它不仅是中华民族民俗文化中的一种典型、罕见的艺术瑰宝，而且真实地记录了史前人类生殖文化的种种轨迹，折射出民间美术与传统文化之间的血缘关系。同时，也向世人证实了民间美术与原始艺术之间同构互渗的历史事实。

4. 浚县"泥咕咕"

"泥咕咕"是浚县民间对泥塑小玩具的俗称，浚县泥塑形体较小，大的不足 20 厘米，小的只有 4~5 厘米，因其尾部有两小孔，吹时发出"咕咕"的声音，故称"泥咕咕"。浚县泥咕咕的表现内容大致可分为四类：珍禽瑞兽、家禽家兽、人物和战马。主要有以三国、水浒和瓦岗军为原型的人物，以及老虎、狮子、大象和燕子、斑鸠、孔雀等形象的动物和飞禽。最有代表性的品种当属战马，有大红马、大黑马、小马、双头马等。

浚县"泥咕咕"多为手捏成形，以深黑色居多，底色都是用松香擦抹而成，把泥胎晾干后，又放在大火上烘烤至烫手，用一块调好颜色的松香在泥胎上擦抹，松香遇热融化，但在胎体表面形成薄膜，冷却后，油润光亮，犹如色漆一般。装饰纹样以花草为多，喜用白、粉红、浅绿、鹅黄诸色描绘，注重笔触的变化，讲究点画的排列，具有很强的装饰性。

浚县"泥咕咕"古老朴素、逗人喜爱的形象寄托了劳动人民对生活的热爱和对未来的希望，是我国优秀的传统民间工艺之一，是世界非物质文化遗产中一颗耀眼的明珠。

5. 山东"泥叫虎"

"泥叫虎"是山东高密的一种民间泥塑。起源于明代万历初年,是形、色、声、动俱佳的民间工艺品。泥老虎腰部是断开后用牛皮连接的,拿着头和尾挤压后,泥老虎会发出响声,因此称之为泥叫虎。

虎在民间的位置举足轻重,因而它无处不在,贴于墙上、门上、窗上,戴在身上、头上,穿到脚上,玩于手中,枕盖被铺也有它。庶民欲借百兽之王保护自己和下一代的生命安全,因而民间对虎的艺术创造可谓千姿百态、各显神通。看似简单的泥老虎,从开始挖土到最后成品需要几十道工序,不仅对土、对制成的坯有要求,对画的技术、颜色的选择都很讲究。刷完粉子之后的泥老虎坯先上哪种色,后上哪种色,都有严格的规定。

彩绘更是泥塑的点睛之笔,泥老虎除了可以作孩童的玩具外,还因其威武的造型,鲜艳的色彩,成为镇宅吉祥物。

6. 北京"兔儿爷"

"兔儿爷"是北京地区中秋节的传统节令玩具,起源于中秋节祭月的习俗。"兔儿爷"一律兔首人身,披挂甲胄,像戏台上的武将,猛一看威风凛凛,细看却是以性情温顺见称的兔子,令人忍俊不禁。民间艺人别具匠心的创造,表现出北京人的浪漫心性和乐观、幽默的性格特征。

7. 陕西凤翔泥塑

凤翔是我国民间工艺美术之乡，泥塑更是民间工艺美术的首推代表。凤翔泥塑是有着数千年历史的传统民间手工艺美术品，是民间艺人手工制作，以创作毛稿制模、翻坯、黏合成型，经精抛、彩绘、勾线、装色、上光等数十道工序精制而成。其形态逼真、粗犷夸张、简练概括、色彩大红大绿或素描。其种类主要是座虎、挂虎、五毒、卧牛、十二生肖、豆豆鼓、金瓜、吉虎、鹿羔、鹦鹉等玩具类，八仙、三国、西游记等神话民俗类。

凤翔彩绘泥塑有三大类型，一是泥玩具，以动物造型为主，多塑十二生肖形象；二是挂片，有脸谱、虎头、牛头、狮子头、麒麟送子、八仙过海等；三是立人，主要为民间传说及历史故事中的人物造型。凤翔泥塑共有170多个花色品种，其中有半人高的巨型蹲虎、虎挂脸，也有小到方寸的小兔、小狮。制作中使用黑黏土、大白粉、皮胶等，有模具定型，造型洗练、夸张，装饰华美富繁，色彩艳丽喜庆，形态稚拙可爱，在全国众多的民间泥塑中独树一帜。20世纪60年代前，六营村及周边村有三百多户农家生产泥塑，现在只有胡深、胡新民、胡永兴、韩锁存、杜银等艺人利用农闲时从事泥塑的创作与生产。

凤翔泥塑汲取了古代石刻、年画、剪纸和刺绣中的纹饰，造型夸张，色彩鲜艳，深受人们喜爱。过去逢年过节或赶庙会，当地人以泥塑为礼品，家里孩子满月，长辈要送坐虎。凤翔泥塑具有浓郁的乡土气息及较高的民俗文化、民间艺术和美学研究价值，深受专家学者青睐。

随着科学技术的发展，聪慧的人们也在不断地丰富着泥塑这项民间艺术。如今，泥工的材料也越来越丰富多样，有超轻黏土、橡皮泥、陶泥、面团等。造型方式也更加丰富，有平面粘贴的泥工装饰画；有半立体的浮雕造型；还有具有四维空间感的立体造型。表现题材已经普及到我们所能看到的任何实物，造型技法也更加精细化，不但可以塑造简单的儿童泥塑作品，还可以创作出形象逼真、惟妙惟肖的大型装饰作品。

二、泥工的特点

现在社会上流行的少儿泥塑是以黏土、橡皮泥、面团、陶泥为主要材料，辅以简单的工具，使用团、搓、押、拉、捏、划、戳、剪、塑、组合等技法，塑造出供玩赏的、具有立体性、实体感很强的活灵活现、可爱至极的艺术造型。泥工造型形式多样，表现内容丰富多彩，形象生动逼真，操作过程极具趣味性和游戏性，深受幼儿喜爱，是幼儿美术活动和欣赏活动的重要内容。

三、学习泥工的意义

泥工活动的开展，有利于促进学生形象思维能力的发展，提高动手操作能力和造型能力。另外，泥工在幼儿园的教学活动中也很重要，它是一项极具发展性的幼儿手工，可以强化幼儿双手的灵活性，也有利于促进幼儿大脑的发展，加强幼儿对颜色的识别能力，丰富幼儿触觉的感知能力，形成幼儿良好的个性心理品质。通过泥工活动的开展，不仅让幼儿在创作作品的过程中表达自己的认识和情感，激发幼儿感受美、表现美的情趣，还可以丰富审美经验，体验自由表达和创造的快乐。

本章主要采用实例讲解和欣赏等方式来学习超轻黏土造型和彩陶艺术。让学生通过动手练习，加深对物体形状、体积、空间、量感方面的理解，提高立体造型能力，并从感情上增进对民间传统艺术的喜爱之情。

第二节　超轻黏土造型

一、超轻黏土概述

黏土是一种重要的矿物原料。由多种水合硅酸盐和一定量的氧化铝、碱金属氧化物和碱土金属氧化物组成，并含有石英、长石、云母及硫酸盐、硫化物、碳酸盐等杂质。黏土矿物的颗粒细小，常在胶体尺寸范围内，呈晶体或非晶体，大多数是片状，少数为管状、棒状。

黏土矿物用水湿润后具有可塑性，在较小压力下可以变形并能长久保持原状，而且表面积大，颗粒上带有负电性，因此有很好的物理吸附性和表面化学活性。

超轻黏土是经过人工改造后的黏土品种，或称超轻土，捏塑起来更容易更舒适，更适合造型，且作品很可爱，是一种新型环保、无毒、自然风干的手工造型材料。通过加工处理后的黏土色彩鲜艳，可塑性强，黏度很大，制作过程中，不需要辅助其他支撑物就能很好地黏合在一起，是幼儿园开展泥工活动的绝佳选择。

二、超轻黏土的特点

超轻黏土是一种新的手工制作材料，它具有以下特点：
①超轻、超柔、超干净、不黏手、不留残渣。
②有多种颜色，可以用基本颜色按比例调配成各种颜色，混色容易，易操作。
③作品不需烘烤，自然风干，干燥后不会出现裂纹。

④与其他材质的结合度高,不管是纸张、玻璃、金属,还是蕾丝、珠片都有极佳的密合度。干燥定型以后,可用水彩、油彩、亚克力颜料、指甲油等上色,有很高的包容性。

⑤干燥速度取决于制作作品的大小,作品越小,干燥速度越快,作品越大则干燥速度越慢,一般表面干燥的时间为3小时左右。

⑥作品完成后可以保存4到5年不变质不发霉。

三、超轻黏土造型的工具材料

开展黏土创作活动所需要的工具材料主要有：各色黏土、黏土刀具、剪刀、配饰零件等。黏土有普通黏土,有超轻黏土,还有纸黏土和雪花黏土,无论哪种黏土,制作工艺都是一样的。黏土刀具一般随黏土赠送,有刀型的,主要用于切割;有尖形的,用于处理细节;还有锯齿形的,用于处理特殊边缘。剪刀选择尖头的,可以帮助修剪细节。配饰零件一般在制作实物的过程中可以直接嵌入,完成后即可作饰品来用,如钥匙链、手机链、耳环等。

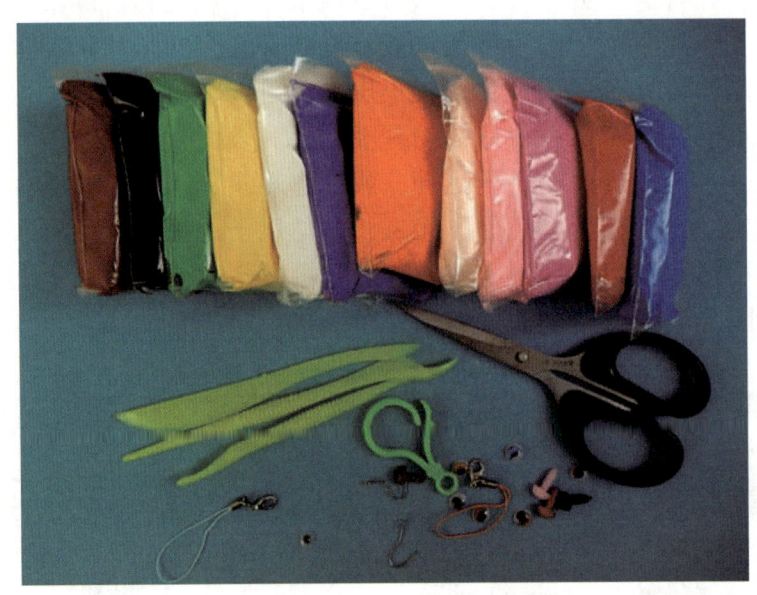

四、制作黏土的基本技法

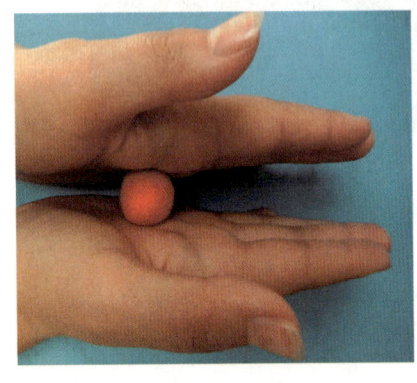

团——两手相对,将黏土像揉面一样揉和成表面均匀、光洁的圆形

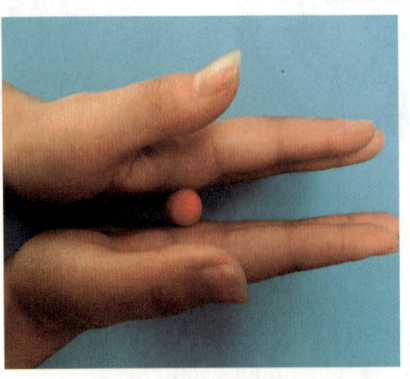

搓——两手心相对,将黏土放入掌中做前后搓动,将其搓成长条状

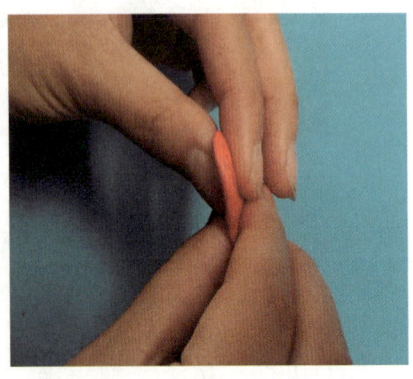

捏——即用拇指和食指用力将泥巴捏出所需的形状

第三章 泥工基础

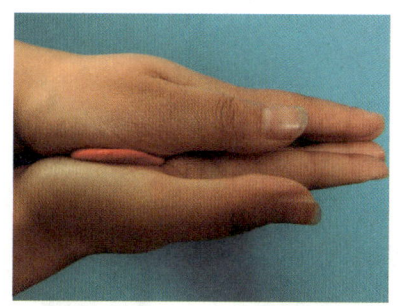

压——可以用手,也可以借助工具对揉搓好的黏土按压成所需的形状

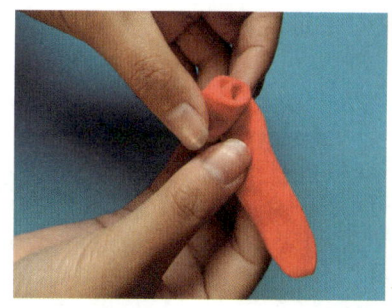

卷——把捏好的形状根据需要进行卷曲处理,如玫瑰花心、蜗牛的身体、泥条小筐等

粘——将各部分小零件进行粘合组装

嵌——将局部捏入主体。可以借助工具进行按压嵌入,使之牢固

五、黏土小物制作步骤

1. 立体小兔制作步骤

(1) 根据构思图形选取所需材料,即各色黏土备用

(2) 通过团、搓、捏、压等方式,将各部分零件做好

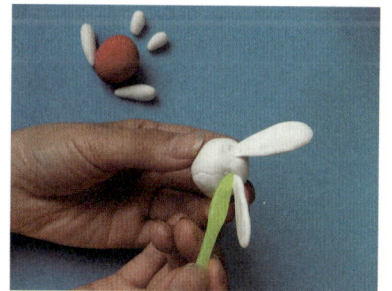

(3) 把各部分粘连组合成型

(4) 完成小兔主体造型

(5) 嵌入五官、围巾等细节部分

(6) 将小兔进行装饰调整,完成作品

2. 浮雕蝴蝶制作步骤

(1) 根据构思图形选取所需材料，即各色黏土备用

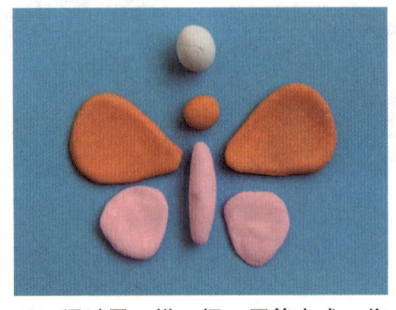

(2) 通过团、搓、捏、压等方式，将各部分零件做好

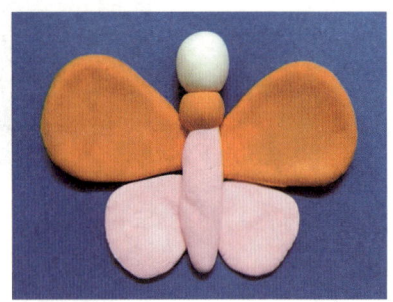

(3) 把各部分在底版上进行粘连组合

(4) 嵌入眼睛和嘴巴

(5) 进行细节装饰，完成作品

六、超轻黏土作品欣赏

第三章 泥工基础

手工综合教程

第三章　泥工基础

手工综合教程

第三章　泥工基础

手工综合教程

第三节 陶艺

一、陶艺概述

陶艺是泥工的一个重要门类,它的原材料是泥土,通过兑水糅合、拉抷、盘筑、捏塑等技法塑造形象,然后再施以火烧,烘制而成,又叫"陶瓷艺术"。中国是陶瓷古国,说起陶瓷,外国人就想到中国。陶瓷艺术不但需要人们掌握水土糅合的可塑性、流变性,以及成型方法和烧结规律,从而促成陶艺形态的产生和演化,使陶瓷器物产生美的形式,更要注重造型与装饰的有机结合。通过人们敏锐的灵感和创新意识,捕捉并揭示泥土的塑形美、柔韧美,以及表现活力,这样就出现了全新陶艺形态,为智慧的人所掌握、发展、创新。

陶瓷艺术起源于中国,古朴自然,样貌繁多。由于传承年代久远,技术不断更新,加上历经朝代更迭,不同民族性与生活方式都影响陶瓷的发展方向。中国陶瓷在几千年的发展历程中,装饰和器物紧密联系,形成了独特的陶瓷文化风格。在人们审美多元化的今天,作为具有中国几千年历史文化的陶瓷艺术越来越受到人们的青睐,现代陶瓷艺术在传统陶瓷艺术装饰基础上的更新与发展,不仅促进了现代陶瓷艺术装饰在创作方向与表现形式、表现手法向更高的艺术境界拓展,而且出现了"百花竞艳,万象并存"的态势,其全新的观念、奇特的创意、丰富的材料以及精湛的制作技艺形成了独特的工艺绘画形式。现代陶瓷艺术装饰更加强调作品对人的精神和心理产生的作用,且艺术家用自己的设计理念,将更多新的内涵融入到陶瓷艺术装饰作品之中。

现代陶艺,随着朝代及制陶技术的演进,表现造型结构与思想理念的创新,与其他艺术形态的结合,陶瓷艺术已不再是单纯的拘泥于土与釉的结合,在人类的生活中已不再只有实用的价值,同时融合更多的人文与空间因素,渐渐成为一项重要的艺术文化,多样化的风格及不同的形态用途,让陶瓷艺术更加有内涵。

二、中国陶艺的发展历程

远在九千多年前，中国先民在从事渔猎、农业生产活动的同时，不但开始了最原始的建筑活动，并且随着火的发明和使用，在改造大自然的长期劳动实践中，伴随着无数次时间与成功的体验，开始制造和使用成为中国古文化之一的艺术创造物——陶器，并揭开了人类发展史上的"新石器时代"。

尽管因时代、地区或民族的差异，由于其他条件的种种影响，陶器的形式、风格发生过多样变化，也产生了很多各自的特点，但却都表达着自己的时代精神，而这种精神在新石器时代首先表现在陶器的器形与纹饰和质地的感觉上。新石器时代中期中国制陶业取得的最大成就就是彩陶艺术，各个地区文化彼此影响、相互交流或继承发展，在中国历史长河中形成了共同而又丰富多彩的艺术风格。

进入商代，模仿同时期青铜器纹样与器形的白陶出现了，在当时它是比青铜器更为豪华的工艺，器形几乎全是礼器。尤其富有特点的是波状雷纹、勾连雷纹和一种怪异人形云雷纹，是人类文化上罕见的工艺美术品。

商周时期的制陶工艺没有显著的进步，艺术性也没有多少发展，从战国时期开始，中国进入了漫长的封建社会。空心砖的生产是战国陶工的一项重要发明。

"六王毕，四海一"，秦汉时期也是中国陶瓷发展史上的一个重要时期。秦代陶俑以其完美的艺术形式，生动逼真的神态，深刻揭示了各种人物的内心世界，不仅表明了雕塑艺术现实主义传统的久远和中国古代制陶水平之高，并且还为世人展示了中华民族深沉宏大的民族风格。

在彩绘风格方面，汉代彩绘陶一改战国彩绘陶琉璃生动、热烈奔放之作风，转而崇尚凝重精雅的神韵。画面铺天盖地，色彩富丽绚烂。

到了唐代，随着经济的繁荣发展，政治的长期稳定和民族意志的高昂，使得各个方面无不空前的繁荣和提高，陶瓷艺术最能表达这种盛唐气象的就是唐三彩釉陶。三彩陶俑和三彩陶器，就是制造它的那个时代的艺术记录和唐人生活情趣的风情画。

由于中国是一个多民族的国家，土地广袤，各地因地理位置或其他因素的不同，陶瓷用品也有很大差别，从质地来看，中国东南沿海一带的百越地区，盛行灰陶、印纹硬陶和原始陶器，而其他地区则以泥质灰陶为主，夹砂陶次之。

在日用陶器中，主要是泥制灰陶。灰陶的陶土含有一定的砂粒，烧成温度高，陶质坚硬，多呈灰色或黑灰色。与此同时，在长江下游地区和珠江流域的广东、广西等地区普遍使用着印纹硬陶。但由于印纹硬陶质地粗糙，不宜作饮食器皿，故绝大多数用作容器。

中国传统陶艺所特具的东方艺术的情韵风格，不是短时间内形成的，它扎根于人民之中，集中了无数陶艺前辈的智慧和创造力，经过历史的不断锤炼，然后形成为优良传统。它贯穿着民族性格，民族感情，体现了民族审美意识的共同特性，代表着民族的精神实质。中国的陶艺前辈在长期的实践中，积累和形成了一套丰富的经验，创造了多种工艺技法。正是这一套制瓷的优良传统，历代相传，不断发展，使得中国陶艺几千年来一直处于世界领先地位，并对世界文化发展有着深远的影响。

三、陶艺的艺术特点

陶艺的产生与发展，首先是满足人类自身实用功能的需要，同时在实用的基础上，通过造型装饰和泥釉火焰又寄托着原始的朴素美，继而发展为实用和欣赏兼备的民间艺术品。如今已脱离实用功能，从纯精神的感情需要为出发点，开创了一条纯艺术的道路。

作为一种文化体系的艺术创造，在任何时候都不是凝固的，而是处于不可遏止的发展状态之中。同样，陶艺也不例外，每一个朝代，都有它的时代特征：宋代的秀丽，元代的浑厚，明代的精工，清代的精致。甚至同一朝代也有不同的发展阶段，如明代青花瓷，宣德的青花瓷浓艳华丽、气韵淋漓、豪放生动，成化的青花瓷则淡雅清新、优美细腻。翻开中国陶瓷发展史，在每一个朝代的任何一个阶段，几乎都有陶艺的新品种、新工艺和新风格出现。

几千年来，陶艺因其丰富的文化底蕴而成为世界文化中的精华。其丰富的陶艺遗存折射出一种文化的光辉，它不仅记载着人类发展过程中的灵性和体悟、思维与探索，也反映了艺术语言形式创造历程的艰辛与伟大。在其漫长的发展历程中，凝结着天、地、人共时运动、思想史的演化，在中国体现了儒、道、佛的升华。陶瓷艺术作为世界各国传统文化中孕育成长的艺术和世界各民族形象思维的结晶，记载着人类社会的发展、文明与进步，蕴含着凝重的历史感。

四、学习陶艺的意义

目前国内外陶艺发展都非常快，从小学到大学都有陶艺课，而且许多家庭建有陶艺作坊，还出现了一些个人经营的陶艺工作室，许多休闲场所也摆放陈设着各类精美的陶艺作品，这样既能很好地发展陶艺事业，又增进了与陶艺家的学习和交流。

随着陶艺热的逐步升温，陶艺制品获得越来越多人的青睐，亲手做陶艺成为人们工作学习之余放松精神释放自我的一种休闲方式。

中国陶艺正处于发展中，从几年前各地陶吧的兴起，逐渐让人们了解了陶艺，陶艺正在走进课堂，走进家庭。在近几年的发展过程中，有关的教育部门从素质教育出发，把陶艺列入了教学课程，这样从小就可以受到艺术的熏陶，从中锻炼动手协调能力，非常好地体现了素质教育的成果。目前，陶艺活动也是幼儿园开展亲子课堂的热门选择。

五、陶艺的制作方法

陶艺的主要制作方法有拉坯、泥条盘筑、捏塑和素坯彩绘等。拉坯，即先把一块泥放在机器中央（放好后开始转动机器）用大拇指按住泥的中央，慢慢按出个洞，之后用两只手把泥按成一个笔筒状，如果干的话手沾点水，之后就是随意创作的时候了；泥条盘筑，泥条法是通过泥条来构筑成型的一种盘筑技法，泥条可以是用手搓成，也可以通过压泥条工具挤压成型，搓泥条时要把握好泥的可塑性，以免在盘筑形状时产生开裂，如果想以泥条盘筑法一次完成一件大作品或一件很复杂的作品，是较困难的，因为作品要有一定强度才能继续盘高，而且连接部位要保持一定的湿度，才能保持胚体之间的粘接，在盘筑过程中，要把握好泥的干湿度，注意掌握好造型的轮廓线，用泥条盘筑法创作的作品特点是古朴、流畅，富于变化；捏塑，是用手捏成，多属小件玩具，如唐宋两代各种姿态的娃娃、杂技人、牛羊马狗猴等十二生肖等，四川邛窑捏塑传世甚多，形态均很生动，河南、河北地区瓷窑捏塑小玩具也很惹人喜爱，以白釉黑釉者居多，如动物中的长脖子高头小羊、卷毛张口坐狮，形象生动有力而不觉夸张；素坯彩绘，就是用颜料在素烧的花瓶、碗、盘、罐等器物（素坯）上绘画。

陶艺是土的艺术，火的艺术，其实更是人的艺术。亲自动手，或拉坯，或捏塑，一件件作品从自己的手中诞生，带着泥的味道，更透出制作者的个性。现代陶艺的创作主要通过作品的造型、材料、肌理、纹饰、釉色来表达作者的意念，满足现代人回归自然，体现自我个性的要求，陶艺并列于绘画、雕塑等造型艺术行列之中，它以独特的艺术语言和丰富的表现力吸引众多的陶艺家、艺术家、陶艺爱好者、学生以及少儿从事陶艺创作或制作。从练泥开始，盘条、泥扳、捏塑、拉坯等技法的应用，一件件艺术品从自己的手中诞生出来，装点自己美丽的生活。

 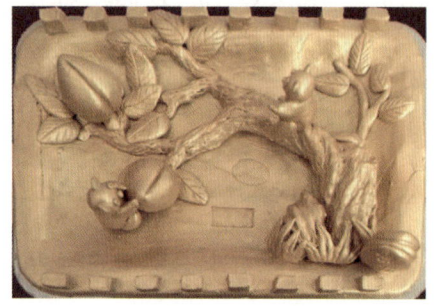 

六、陶艺作品欣赏

第三章 泥工基础

手工综合教程

第四章　综合材料造型

综合材料即是指日常生活中的各种物质材料。综合材料造型的总原则是"自然巧得"，突出一个"巧"字，即把所有材料的自然特征（形、色、质）与塑造形象的艺术特征巧妙结合，不过分修饰加工，也不追求完全相似，强调自然巧得，形成自然天成、生动有趣的艺术形象。

画面的构图、形式感、色彩搭配等要符合美学原则，要别致新奇、不落俗套；要注意各种材料之间的对比因素，如色彩、质地、光泽的对比；要注意画中有神、画外有意，能够更充分地表现作者的独创精神。

通过巧妙利用各种材料进行造型的学习和实践，对于启发学生的创造性思维，培养勤于动手动脑的习惯，培养发现美、创造美的能力，以及训练学生丰富的想象力，都具有重大意义，通过学习，还可以提高学生利用各种材料进行设计的能力，在设计中发展创新思维，在操作中发展动手操作能力，在欣赏比较中提高审美趣味，在合作中感受创造活动的乐趣。综合材料造型也是幼儿园教学活动中的一项重要内容。

本章主要讲解通过充分利用各类材料的自然形态、色彩、纹理、质感等特点，来塑造艺术形象的知识。

第一节　综合材料平面造型

一、点状材料造型

点状材料是指相对较小的颗粒状材料，如石子、沙子、碎纸屑、珠子、扣子、粮食、瓜子、花生、图钉、蛋皮、贝壳等材料。下面分别以碎纸屑、粮食、瓜子、蛋皮、图钉等为例来讲解如何进行相应的艺术创作。

1. 碎纸屑贴画

依据构思，画出图稿，将所需各色彩纸剪切成碎屑状待用。然后在每个细节部分分别涂抹胶水，撒上纸屑等待晾干。最后再进行整体调整，完成画面。

2. 粮食贴画

先构思描画出草图，然后根据不同豆类、种子、谷物的颜色和形状差别，选取合适的粮食作物，依据其自然形状、色彩，通过与画面肌理类似或巧合的排列方法来塑造形象。

3. 瓜子贴画

不同瓜子的形状、颜色也各不相同，用发散性思维对其进行联想创作。创作时，根据构思的画面需要，选择色彩、造型不同的瓜子，用较硬的卡纸做底版，勾画出图形，然后涂抹乳胶，根据所描绘的形象特征进行排列组合，完成贴画。

4. 蛋皮贴画

鸡蛋的自然颜色稍有差别，有白色、米黄、粉色、棕色等。在进行蛋壳贴画创作时还可通过人为上色，把蛋壳涂得五颜六色。再加上它本身独有的不规则龟裂形状，很适合表现干涸的土地、斑驳的墙壁、粗糙的树皮等肌理。还可以通过色彩的简单差异，区分块面，拼贴地图。

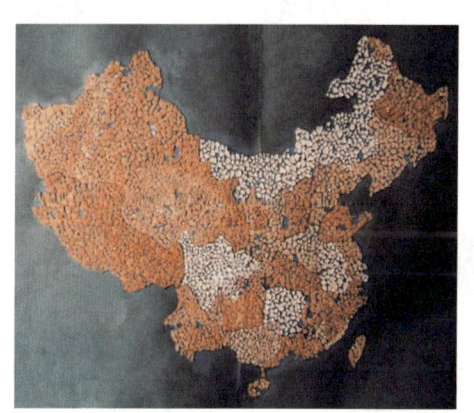  

5. 图钉镶嵌贴画

利用图钉的钉帽与深色的底色搭配，取得特殊的艺术效果，特别是金属钉帽的光亮质地。更能增强画面的装饰效果。

二、线状材料造型

线状材料指相对来说比较细且长的材料,如毛线、纸条、绳索、电线、胶绳、火柴、麦秸秆、筷子、冰糕棍等。下面就以麦秸秆、毛线、塑料管、纸条等材料为例来学习线状材料的造型方法。

1. 毛线粘贴画、拉线画

毛线是平面粘贴画最常用的材料,毛线的种类和色彩都很丰富,对塑造形象有很大帮助。在用毛线创作粘贴画的时候,一方面要依据毛线本身的色彩和质地等自然特点和画面形象巧妙结合,另一方面也可以人为地采用不同的排线方式,做出特殊的肌理效果,还可以采用剪碎毛线做出绒毛效果,或者结合编织技法,通过粘贴创做出漂亮的毛线粘贴画作品,或是采用在较硬纸板上剪锯状,然后依据一定的规律进行拉线制作拉线画。

2. 麦秆粘贴画

利用麦秆和麦穗纯天然的自然形态进行艺术创作，也是艺术家们最热衷的选择。其作品简洁大方，形象生动。

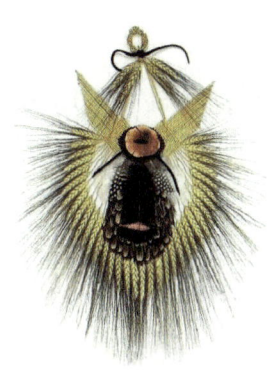

3. 塑料管造型

塑料管一般指废弃的输液管，或是吸管，其长长的自然形态适合制作卷曲类的造型或是拼贴大树、竹竿、动物的颈和腿等。

4. 纸条拧绳粘贴画

纸条捻绳粘贴画，多采用各色皱纹纸，通过搓、捻等方式把纸拧成长长的条状，然后依据构思图形，在画面上进行粘贴，创作出漂亮的作品。

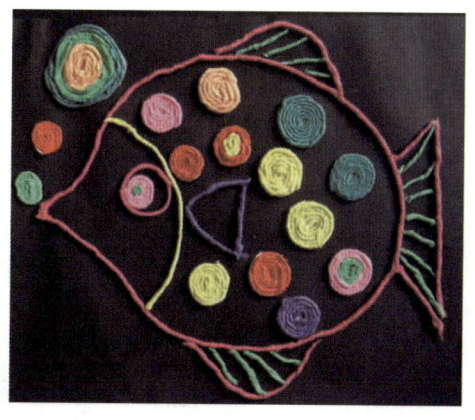

三、面状材料造型

面状材料是相对于点、线来说面积较大的材料，如纸张、树叶、布等。

1. 纸张类平面造型

纸张类粘贴画的可选纸材非常多，在第一章纸艺里面用到的所有纸材都可以用，如手工纸、色卡纸、手揉纸、皱纹纸、吹塑纸、瓦楞纸、海绵纸等，还可以用废旧的挂历、报纸、广告纸等。可利用各类纸材特有的肌理纹样进行大胆创作。

2. 树叶贴画

树叶粘贴画是秋季各大幼儿园争相开展的热门教学活动。树叶不仅取材方便，而且可以丰富幼儿对自然及生活的认识和理解，还可以唤起人们对美好事物的追求，并且还能通过树叶粘贴画的制作培养学生的审美能力和创造兴趣。

秋天来了，可以采集形状、颜色各异的树叶夹在书中压平展，根据自己画面的需求挑选与之基本形状和颜色相适应的树叶进行组合。在保持树叶自然形态的前提下，也可依据画面需要进行修剪，或者也可根据叶子的自然形质联想它与哪些事物形状"相似"，再进行组合加工，达到"神似"，这样才更能体现树叶粘贴画自然、质朴的感觉。

手工综合教程

第四章 综合材料造型

手工综合教程

3. 布贴画

布贴画在布艺部分已经有详细讲解。这里所说的布贴画是指以纺织品的边角碎料为材料，根据构思进行拼贴组合的艺术品。它除了利用布料本身的颜色、质地、花纹外，还可以利用剪裁、拉毛、撕碎、抽线、揉皱、熨平等制作方法，拼贴组合成大小不等、质感不同、光泽各异、色彩变化无穷的工艺品。

第二节 综合材料立体造型

一、水果的创意造型

水果即可制作立体造型，创作出活灵活现的各类事物形态，又可进行拼盘设计，水果拼盘也是一门艺术，它利用水果的形状、颜色和肌理，通过各种不同的切割技法，再施以适当的配饰，制作出形似动物、植物、人物、花卉、风景等的艺术拼盘，让人既垂涎欲滴，又不忍入口。

第四章 综合材料造型

二、卵石艺术造型

卵石画又称石头画，是以卵石或石块为材料进行的艺术创作。石头因其形状、颜色不同，多被人们捡来清洗干净，施以色彩装饰，塑造出各种各样的艺术形象。其取材方便，随手可得，制作手法简单便捷，装饰效果绝不亚于其他工艺产品，即可置于案头，又可装于礼盒，因此，石头画多被人们用来装饰房间或赠予友人。

第四章　综合材料造型

三、其他材料立体创意造型

生活中可见的各类材料都可通过简单的艺术加工，创作出极具形式美感和装饰意味的工艺品，装点、美化我们的生活。如一次性筷子、冰糕棍、废报纸、硬纸板等。

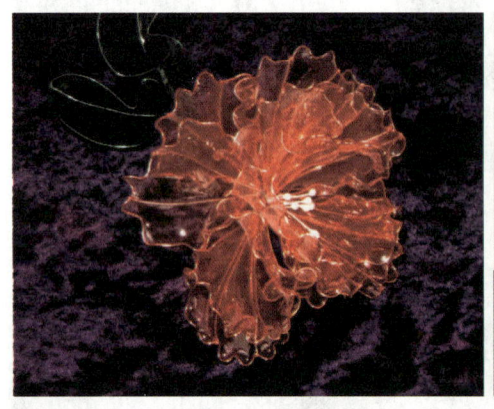

第五章 环保再造创意造型

"环保"是一个永恒的话题，环境是人类生存和发展的基础前提，保护环境、优化生活是人类共同的使命。那么我们该如何做一个爱护环境的人呢？当然是从身边的小事做起，从旧物改造开始。陶行知先生说过："处处是创造之地，时时是创造之时，人人是创造之人。"生活中存在着各式各样的废弃物品，把它们扔掉既浪费又不环保，如果善于动脑发现，多多留意，用灵巧的双手去积极创造，废品也可以被再次利用，变身成为富有创意的艺术品。环保再造的特点就是取材容易、方便经济、艺术感强。

环保再造，又叫废旧物品的再利用，是幼儿美术教育的重要组成部分，通过学习可以提高学生的动手实践能力，培养学生的创新思维和环保意识。循环利用日常生活中不为人注意的废弃物，开动脑筋，化腐朽为神奇，制作出精美、简洁、实用、有趣的手工艺品，装点生活，美化环境。

本章主要通过杯、碗、碟、瓶、罐、盒等的创意改造、环保服装的设计创新，以及其他生活废物和工业废品的创意造型，来学习旧物环保再造的基础知识，掌握环保再造的基本方法，合理利用废旧物品，培养学生的环保意识和创新能力。

第一节 杯、碗、碟的创意造型

杯、碗、碟主要指生活中经常使用的一次性纸杯、纸碗、纸盘等物品。这些物品用一次就扔掉实在可惜，如果根据自身特点，施以合理的加工改造，就可以创作成漂亮美观的艺术品。

一、杯、碗、碟创意改造工具和材料

基本工具：剪刀、美工刀、固体胶、双面胶、铅笔等。
主要材料：纸质或塑料的杯、碗、碟。
辅助材料：彩色卡纸、皱纹纸、手工纸、瓦楞纸、彩带、牙签（线）、毛线、色彩颜料、毛笔等。

二、杯、碗、碟创意改造制作过程

1. 联想命题

结合杯、碗、碟的自然肌理纹路、形状、色彩与相关动物、植物、生活用品、交通工具等造型产生联想。想想与自己、家庭有关的动物，如生肖中的动物和朋友喜爱的动物。参考动物图案材料，分析动物特征，抓住其要点特征进行表现创作。

2. 选择材料

根据联想的动物或其他造型，选择适当的材料，如老虎造型所需材料有纸杯1个、双面胶、彩色卡纸少许（白、黑、橙、红等）。

3. 改造草图

分析动物结构特征，老虎由头、耳朵、身体、四肢等部分组成，可以查找相关动物图案资料。根据选择的材料，结合老虎的结构特征来改造草图。

4. 制作粘贴

根据构思将老虎的每个部位（如头、身体、四肢等），运用剪刻、粘贴等方法制作完成；接着用粘贴或插接的方法将其固定成型。

三、创作造型的主要方法

1. 添加

把纸质或塑料的杯、碗、碟改造成物品的主要组成部分，在此基础上，用辅助材料制作相关零部件，并以粘贴、插接的方法添加到主要部位上。

2. 剪切

把纸质或塑料的杯、碗、碟作为主体进行改造,剪掉杯体的局部位置来作为造型的一部分,用剪切的方法来完善改造造型。

3. 弯卷

根据改造造型的实际需要,可以把人物的头发、衣饰裙摆、植物的花瓣进行弯曲、卷曲处理,达到生动、传神的形象效果。

4. 折叠

为了更形象生动地表现物体造型，可以对造型局部进行折叠处理，再固定成型。

四、杯、碗、碟创意造型优秀作品鉴赏

第五章　环保再造创意造型

157

手工综合教程

第五章 环保再造创意造型

手工综合教程

第二节　盒、瓶、罐的创意造型

　　家庭生活中有许多废弃的纸盒、塑料瓶、玻璃瓶等废弃物，如牛奶箱、鞋盒、可乐瓶、矿泉水瓶、酸奶瓶、奶粉罐、油桶等，我们可以利用其本身的肌理特点，进行创意制作，改造成实用又美观的工艺品，从而进一步提高学生的观察力、分析力和审美能力。

一、创意改造工具和材料

基本工具：剪刀、锤子、美工刀、固体胶、双面胶、铅笔等。
主要材料：各式各样的盒子、瓶子、罐子。
　（1）废旧盒类：牛奶盒、鞋盒、纸箱、纸袋等。
　（2）废旧瓶类：硬材质瓶类（铁皮罐、玻璃瓶）、软材质瓶类（软塑料瓶、饮料瓶等）。
辅助材料：彩色卡纸、皱纹纸、瓦楞纸、彩带、牙签、丝带、毛线等。

二、盒、瓶、罐创意改造制作过程

1. 联想命题
结合盒子、瓶子、罐的大小、形状、色彩进行合理联想，可直接利用盒子、瓶子的质感、外观、纹样和颜色，不需要进行严密的覆盖，充分考虑制作完成后的功能，可以作为教具、玩具、装饰品等。

2. 选择材料
根据盒子、瓶子、罐的形状、色彩、质感进行选择，充分考虑盒子的内部空间和体积。

3. 设计图样
依据所收集的物品的自身特点，构思并设计所要表现的事物的图样。

4. 制作粘贴
根据构思和设计的图样进行粘贴组合，必要时可以适当选用其他材料进行装饰、美化。

三、盒、瓶、罐的创意制作技法

1. 添加法（加法）

添加法即粘贴法，是在原有物体的造型基础上粘贴或插接其他元素，组建成新的造型。

2. 剪切法（减法）

剪切法即切割法、镂空法，是在原有物体造型的基础上，将其中的一部分切掉或镂空，完成制作造型。

3. 加减结合法

为了更好地表现设计造型，在制作过程中经常将剪切、镂空、粘贴、插接等方法综合使用。

四、易拉罐的创意制作步骤

五、盒、瓶、罐的创意制作欣赏

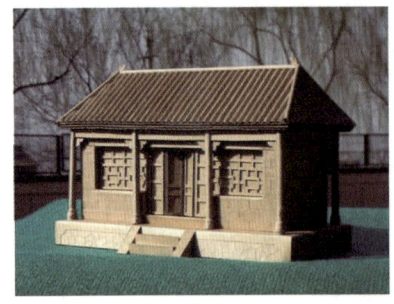

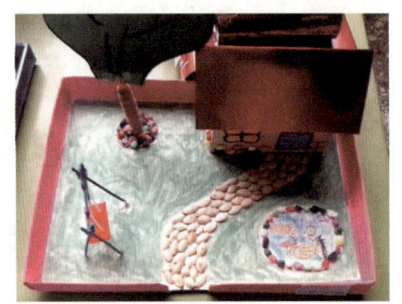
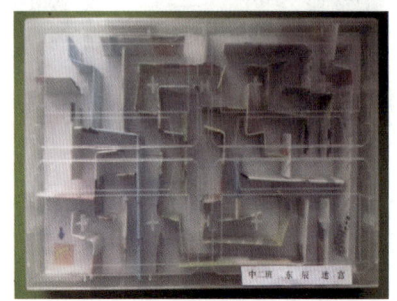

第五章　环保再造创意造型

手工综合教程

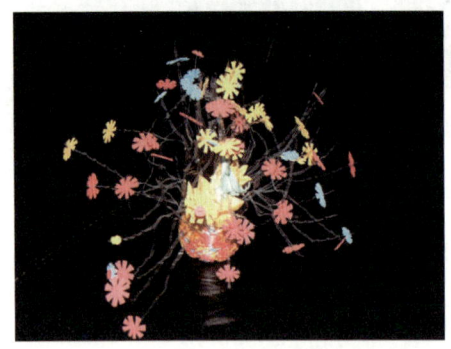

第五章　环保再造创意造型

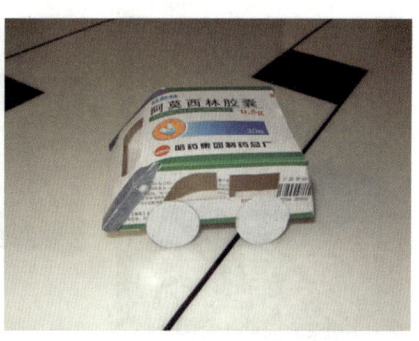

167

手工综合教程

第三节 环保创意服饰造型

环保创意服饰设计是探索新的环保设计理念，用环保的材料和设计元素设计出富有新意的作品，可以开发设计思维，提高设计能力，指导时尚与流行，从而提升大家的环保意识。

一、环保创意服饰设计的原则及特点

1. 环保创意服饰设计的原则

设计理念的建立、形式创意、色彩创意、材料创意、结构和工艺创新等，都要符合服装的装饰美感。

2. 环保创意服饰设计遵循的特点

（1）文化性。

环保理念的实施与服装设计美观、大方、时尚的基本特点巧妙结合，是其文化性的主要表现形式。

（2）创新性。

创新精神是进行任何设计创作的基本素质，能够在常规的设计基础之上，独具慧眼，标新立异，设计出的作品才更新颖独特。

（3）环保性。

环保是个永恒的话题，用环保材料设计服装本就是对环保理念的推广宣传。

（4）实用性。

这里所说的实用性，主要是指所设计的环保服装，能够作为舞台表演的道具穿在身上，戴在头上。

（5）工艺性。

设计制作的工艺性和作品的美感是分不开的，即是指用环保材料设计制作的服装还要符合形式美法则，穿戴出去能够给人赏心悦目之美感。

二、环保创意服饰的改造制作过程

1. 构思

根据自己寻找的废旧材料来分析它能创作成什么样的造型，并思考如何利用这些因素制作服饰。

2. 分析废旧材料的结构

有计划地分解废旧材料的结构，寻找可利用的造型因素，进行局部创作。

3. 组合服饰形象

按计划有步骤地组合服饰造型。

三、环保创意服装设计作品欣赏

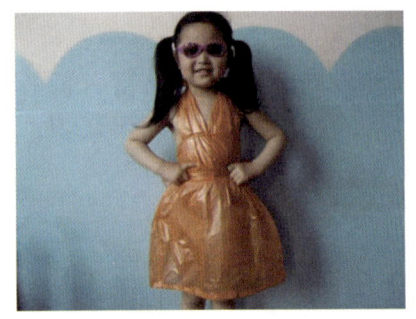
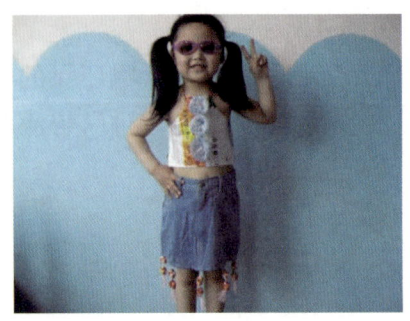
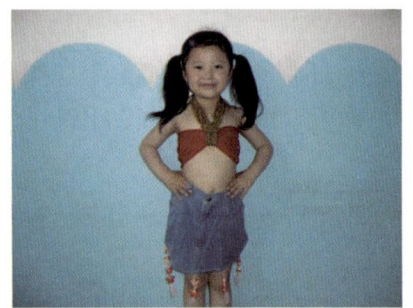

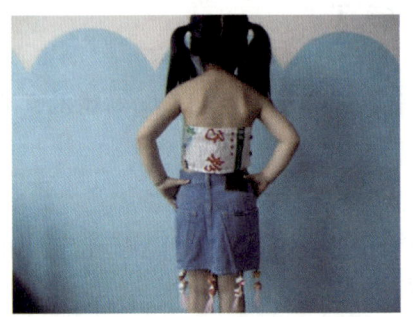
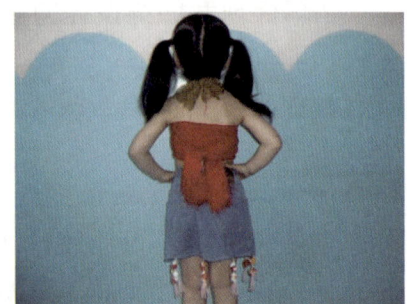

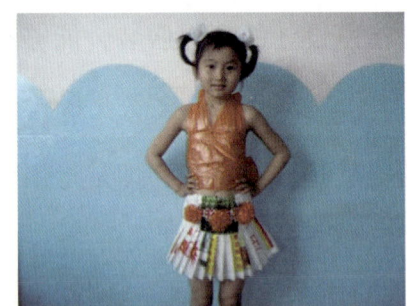
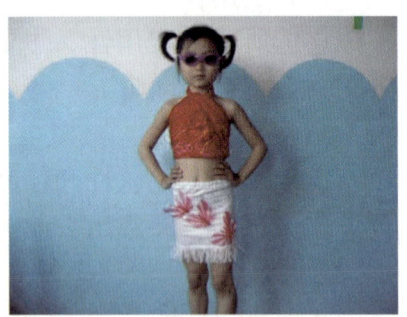
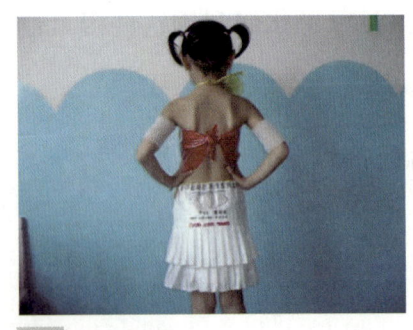
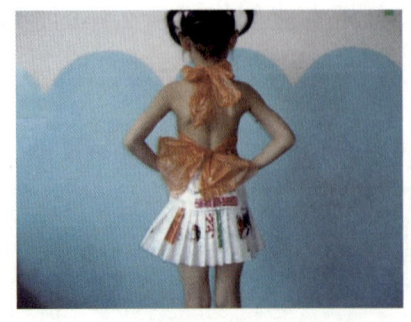
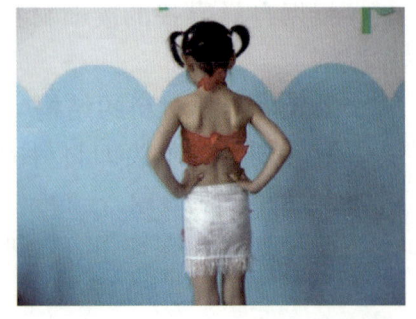

第五章　环保再造创意造型

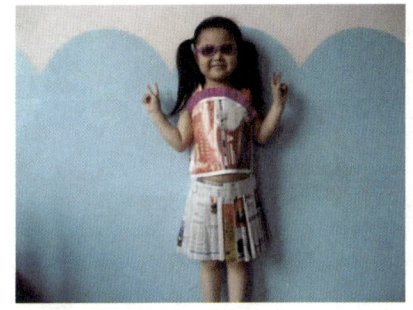

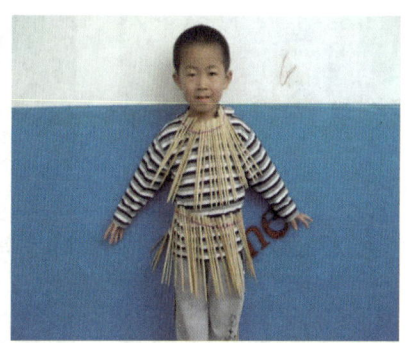
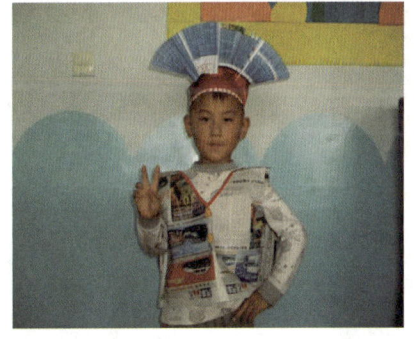

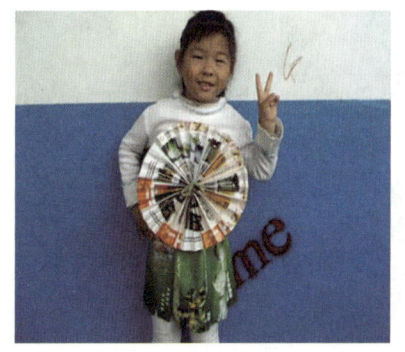

手工综合教程

第四节 其他材料的创意造型

在日常生活中，除去杯、碗、盘、碟、盒、瓶、罐、箱之类的废弃物品之外，还有很多其他的废旧材料。著名的雕塑家罗丹曾说："美是到处都有的，对于我们的眼睛来说，不是缺少美，而是缺少发现。"我们生活中各类废旧物品，如果大家都能用美的眼光去发现，用心去创造，相信一定能设计制作出更多精美的工艺品。

本节我们来欣赏一些其他生活废弃物，经能工巧匠精心设计，创作出来的艺术作品。

手工综合教程

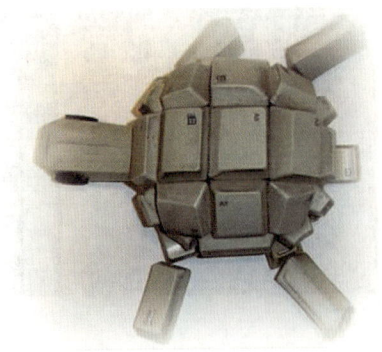

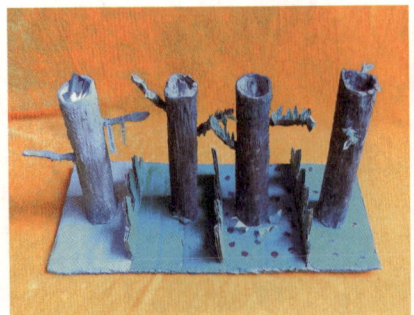

第五章　环保再造创意造型

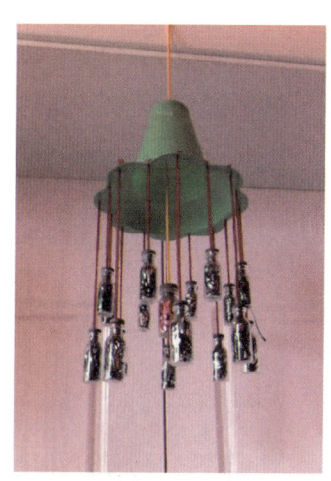

手工综合教程

第五章　环保再造创意造型

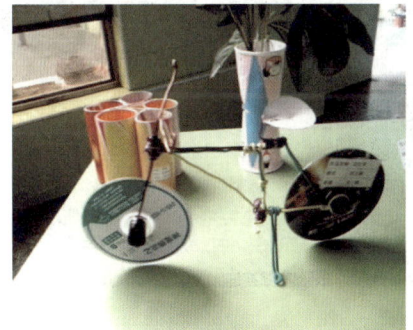

手工综合教程

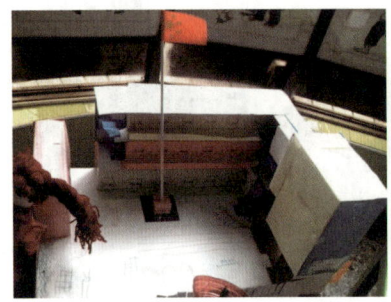

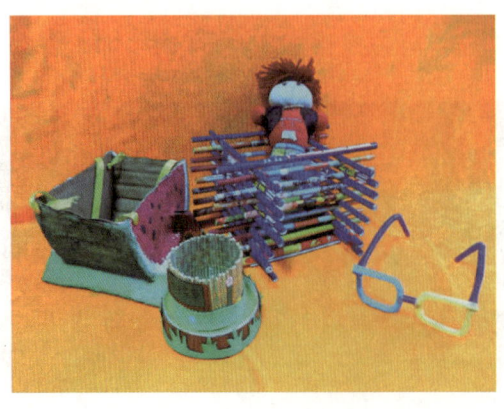

第五章　环保再造创意造型

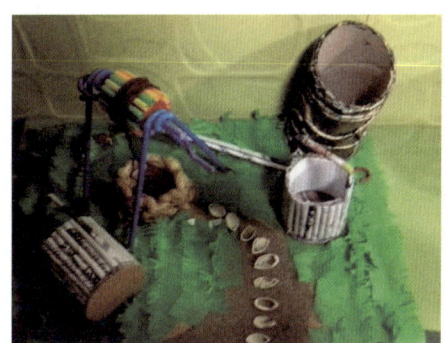

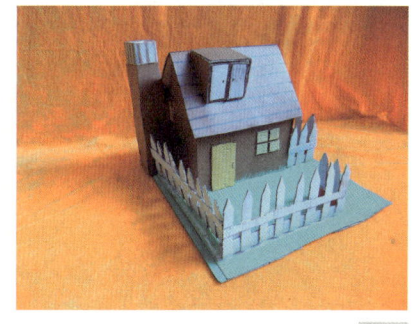

手工综合教程

 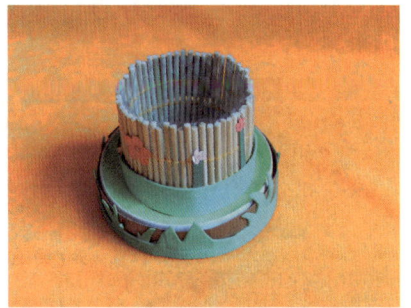 

第六章　玩具教具的设计与制作

　　玩教具是幼儿园建构经验的重要载体，对幼儿发展起着重要的促进作用。玩教具是教师在教学中采用的一种教学手段，它是教师有效传递信息，促使主体与客体相互作用，以及发挥主体学习积极性、主动性的重要因素。对于年幼的儿童，由于他们注意的无意性强、知识经验贫乏，以及记忆、思维等具体形象的特点，玩具教具的运用显得尤为重要。玩教具运用得当，可以帮助儿童更好地理解、思维，调动幼儿学习的主动性，促进老师和幼儿的互动，提高课堂教学效率。自制玩教具是一种教学或辅助教学的用品，它既节省了经费，又丰富了教学资源。

　　玩教具是实施科学幼儿教育的一种重要手段，幼儿的心理特点和年龄特征决定了游戏和玩教具是他们认识世界，实现身心发展的重要途径和学习方式，是重要的教育资源和有力的支持手段。玩教具虽小，但它承载的是教育思想、教育观念和教育手段，对于实现教育目标，提高教学质量具有十分重要的作用。

　　随着《幼儿园教育指导纲要》的贯彻落实，学前教育的改革与发展对幼儿教育提出了新的要求，紧密结合幼儿教育实际，遵循幼儿教育的基本规律，充分发挥各种玩教具的作用，让孩子们在做中学、玩中学是幼儿教育非常重要的内容。

　　自制玩教具是一件非常有意义的事情。一方面可以有效弥补现有玩教具针对性较差和数量不足的缺憾，另一方面可以解决幼儿园经费不足的问题。自制玩教具还能有效利用身边的资源，节能环保。自制玩教具在传递知识和文化，愉悦孩子们的心情，促进儿童发展上发挥了重要作用。

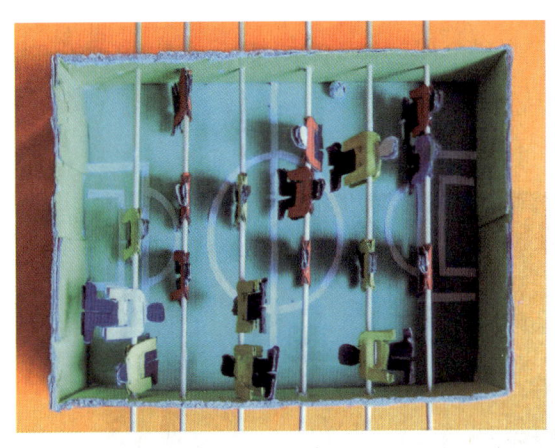
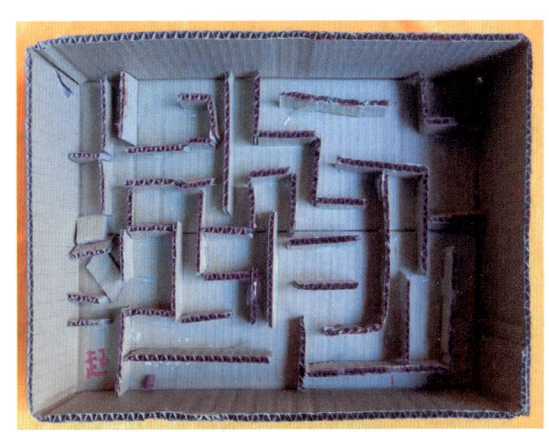

第一节　幼儿园玩具教具的制作

一、玩教具的特征

玩是幼儿生活的重要内容，玩具是幼儿的亲密伙伴，他们是在玩玩具的过程中认识世界、培养能力的。对于幼儿来说，玩具就是教具，教具就是玩具。

1. 玩教具的含义

在学前儿童教育活动中，玩教具指学前儿童在游戏和学习活动中使用的玩具、教具。它是借助一定的物质材料，依据一定的设计要求，通过工业化生产或者手工制作完成的，是可视的平面、立体或可活动的集游戏、娱乐、智力类型需要的开发智力、锻炼体魄、促进身心健康发展的游戏娱乐工具。

2.玩具、教具的分类

（1）根据玩具所模拟的对象和玩具的功能分类。

①表征性玩具，又称形象玩具。它是以社会和自然环境中的真实事物为模拟对象，其性状类似于真实的物体。这类玩具又可分为模拟实物的玩具（以人类社会生活用品和工具为模拟对象的玩具）和拟人化玩具（以人和动物为模拟对象的玩具）。

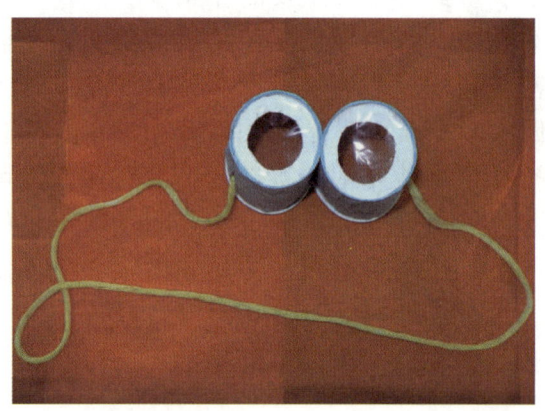

②教育性玩具，又称智力玩具。它可以帮助幼儿学习某种特殊的概念或技能，并侧重于促进幼儿智力的发展，如拼板、魔方、棋类玩具、纸牌、分类、序列、推理、数字与计算等。

③建构性玩具，又称结构造型玩具。它是可以让幼儿自己进行建构活动的材料，如积木、积塑、沙水、橡皮泥等，其玩具的材料既有人造的，也有天然的。

④运动性玩具，主要是指在体育活动中所使用的各种设备、器械、材料等。按形体大小可分为大型体育活动设备（如荡船、滑梯、攀登设备、大型转椅等）、中型体育玩具（如秋千、木马、平衡木、滑板、脚蹬三轮车等）、小型体育玩具（如皮球、跳绳、沙包等）。

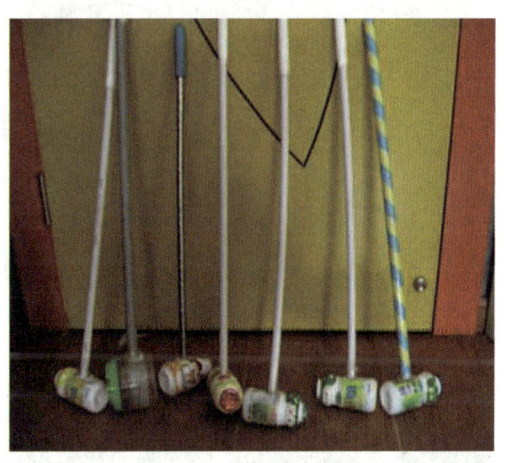

⑤娱乐性玩具，包括音乐玩具以及模拟动物和人的滑稽造型和动作的玩具。音乐玩具是能够发出乐音的玩具。如各种模拟乐器（小铃铛、小钢琴、木琴、木梆、小喇叭、锣、小鼓等）以及各种能够发出乐曲声或歌曲声的娃娃、动物等。

(2) 根据活动目的分类。

①动作技能型玩具，这种玩具主要帮助幼儿学会操作和使用各种实际生活用品及工具，练习各种动作和技能，使其基本动作协调发展。

 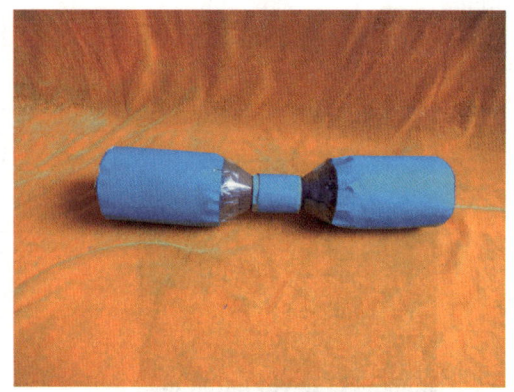

②智力技能型玩具，这类玩具主要帮助幼儿形成智力活动的基本方法，如比较、排序、分类等，有助于促进幼儿智力的发展。

③创造性玩具，这类玩具主要帮助幼儿展开想象，创造性地反映自己的生活经验。

(3) 根据结构化程度分类。

根据玩具或游戏材料的游戏功能的结构化程度，我们还可以把玩具分为专业化玩具和非专业化玩具，也称高结构性玩具和低结构性玩具。

①专门化玩具，主要指表征性玩具、教育性玩具、运动性玩具等。这些玩具不仅功能确定，而且玩具本身也包含着一定的玩法或游戏的规则，属于结构性程度较高的玩具。

②非专门化玩具，是指玩具或材料的游戏功能相当不确定，结构性程度相对较低，游戏者可以根据自己的想法和想象自由地使用游戏材料。

二、幼儿园玩具、教具制作的基本要求

1. 自制手工玩教具的意义

自制玩教具能培养学前儿童的想象力；能促进学前儿童手部肌肉的发展；能培养学前儿童的审美能力；能促进学前儿童身体健康；能有效利用身边的资源、节能环保；能传承和发展传统民间手工艺。

2. 手工制作玩教具的基本原则

①玩教具的设计应具有教育性。

②玩教具要符合安全卫生的要求，色彩鲜艳、无毒，便于洗晒。

③玩教具的设计要适宜幼儿身心发展特点，不同年龄、不同发展水平的儿童的需要不同，教育任务也不同，应为他们提供开展各种活动和游戏的玩具。

④玩教具应符合经济原则。玩具应结实、经久耐玩，不易损坏，色彩不易脱落。

⑤玩教具的形象和色彩要符合艺术的要求。色彩鲜艳，形象逼真，能够激发幼儿快乐和喜爱的感情，培养美感。

三、玩教具制作的工具材料

制作玩教具的材料主要有：纸、泥、布、竹木、金石、塑料、废旧物品及自然物品等。

制作玩教具的工具有：剪刀、刀子、锯条、钳子、榔头、烙（焊）工具、针或锥、夹子、笔、胶水等。

制作玩教具的手法有：剪切、折叠、染色、粘贴、编结、雕刻、捏、拧、撕、缝、嵌、钉等。

四、材料加工的常见方法

1. 原型法

充分利用材料的外形特点来设计和制作玩教具，保持所用材料的外形，对其进行简单的加工和装饰。

2. 变形法

加一加：通过粘贴、缠绕、串联、镶嵌、拼插等方式添加其他辅助材料来进行设计和制作。

减一减：通过削减、剔除等方法除去材料上与所要塑造的形象无关的部分。

变一变：通过弯曲、折叠、拧捏等方式改变材料的外形，使其符合设计和制作的需要，不改变原有材料的大小，只改变其外部形态。

3. 组合法

方式一：将各种经过选择、加工（加、减、变形）的材料进行拼接组合，共同构成一个新的玩教具。

方式二：预先设计一个图案，将一些相互独立的不同物品按照一定的设计思路拼摆在一起，形成一个新的创意。

五、玩教具制作过程

（1）立意：制作前在头脑思考想要制作的玩教具的用途。
（2）构思：根据立意来设计玩教具的具体形象。
（3）选材：根据自己的设计意图，选择在形状、质地等方面适合的材料。
（4）制作：采用适当的加工方法、遵循具体的制作步骤对材料进行加工，将玩教具在脑中的立意和构思用实际材料体现出来，使其成为一个可视、可触的作品。
（5）装饰：对自制玩教具进行美化装饰。

六、玩教具作品欣赏

第六章 玩具教具的设计与制作

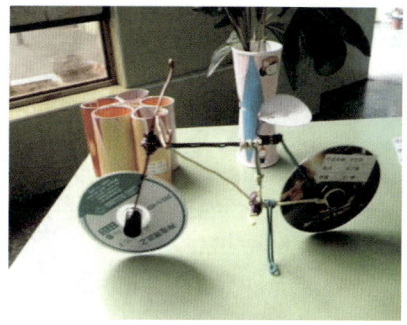

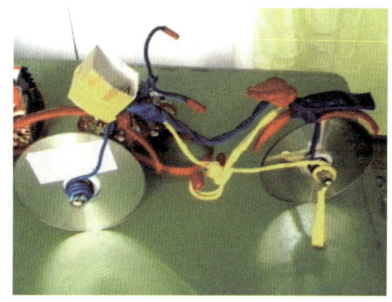

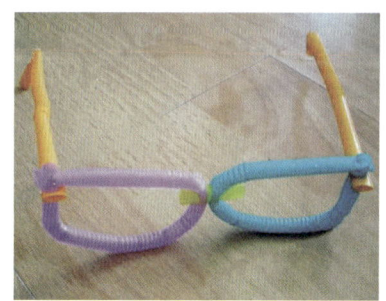

手工综合教程

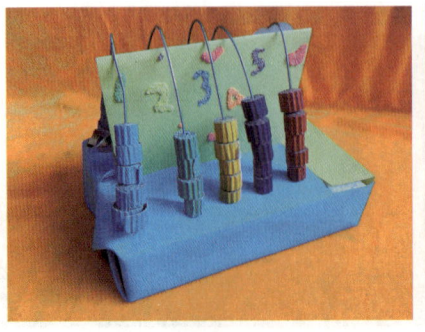
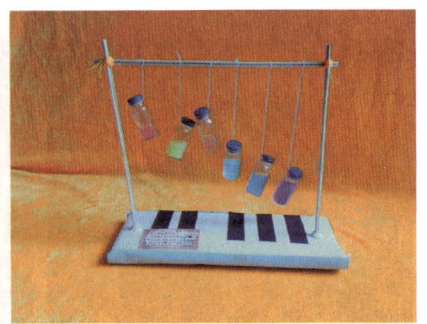

第六章 玩具教具的设计与制作

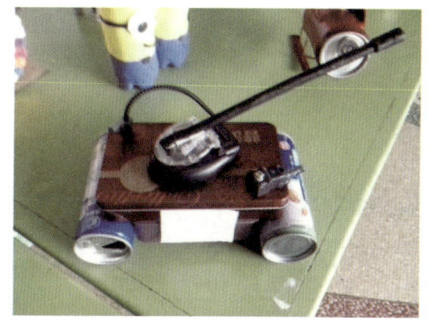

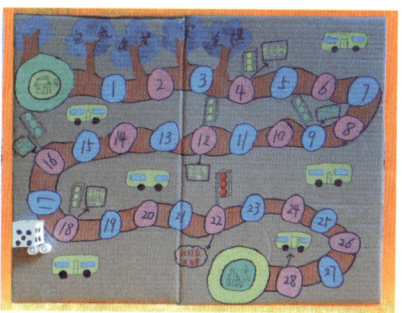

第二节　科学玩教具制作

　　自制科学玩教具，它既是科学内容的载体，又是幼儿进行观察、操作、思考、创造的对象，要使活动器材成为激发幼儿好奇心、主动性、探索科学信息、发展智力与创造性的喜闻乐见的学具，设计自制科学玩教具，必须以幼儿的认知水平和心理发展规律作为基础，做到科学性与儿童性、趣味性与功能性完美结合，达到科学、实用、安全、经济。

一、幼儿园自制科学玩具教具的方法

1. 创新法
首先，把文字转变为实物，然后发现生活中的疑难问题，以实物去帮忙解决。
2. 组合法
将两件或者多件作品的优点集中到一件作品上，使该作品显露出多项优化的功能。
3. 附加法
将一件或者两件作品的功能附加到另一件作品上，使该件作品显现出多项功能。
4. 迁移法
将一件或者多件作品的功能迁移在另一件作品上，使该作品显现出新的功能。
5. 发现缺点法
在一件作品上发现其不足，进行改进，使其成为一件完美的作品。

二、幼儿园自制科学玩具教具的要素

　　第一，再现的自然现象具有鲜明性、直观性。即再现的自然现象和科学原理要明显，变化过程可耳闻目睹，因果关系简单。
　　第二，结构要简明，关键部件外显，方便儿童观察和操作，同时没有妨碍儿童观察、操作的多余部件和装饰。
　　第三，操作要简便，操作性部件的尺寸与重量都要符合幼儿的发展水平，儿童能够独立操作、尝试。
　　第四，安全卫生，避免对儿童造成伤害，所用的各种替代材料要干净，儿童容易接触的部件不能有尖角、锋利刀口、毛刺等。

三、幼儿园自制科学玩具教具实例欣赏

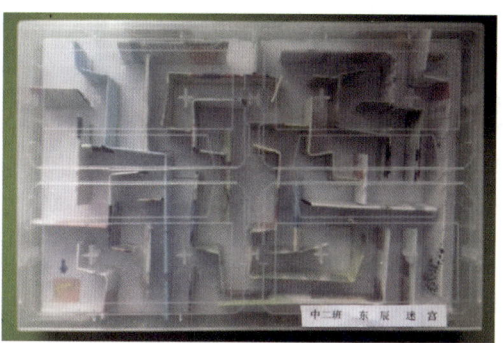

手工综合教程

第三节　体育玩教具制作

好动是幼儿的天性，在他们最喜欢的游戏——体育活动中提高创新能力是一个十分重要的途径，往往能收到事半功倍的效果。而在幼儿的体育活动中，游戏材料的选择起着很重要的作用。自制小型体育器械玩具可以有效提高教师组织户外体育活动的能力，促进幼儿在户外体育锻炼和游戏活动中的体能发展。

一、自制体育玩教具的价值

体育教具、玩具是幼儿园师生一日生活中不可或缺的"朋友"，可是往往因为种种原因而缺少教具，满足不了幼儿的需求。而自制体育玩教具，比市场上购买的玩教具更符合特定的教育目标和特殊的教育活动内容。一方面可以有效弥补现在玩教具针对性差和数量不足的缺憾，另一方面可以弥补经费的不足。

二、体育玩教具的制作实例

实例1："彩色笼球"
制作材料：塑料瓶盖和铁丝、钳子等。
制作过程：
①将八个塑料瓶盖用铁丝串起来，围成一个圆。
②再取另一根铁丝串三个瓶盖，第四个和第一圈的第四个交叉串入，然后再串三个，最后一个和第一圈的最后一个交叉围圆。
玩法：投掷、踢、滚。

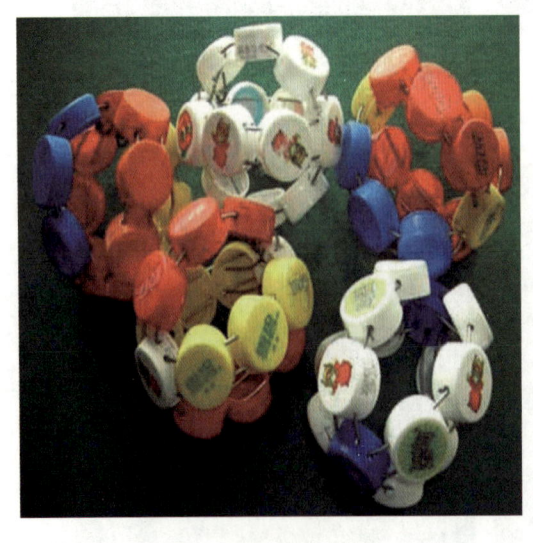

实例2:"梅花桩"

制作材料:七个相同大小的易拉罐和透明胶带。

制作方法:

①先将七个易拉罐围圆放在一起。

②用透明胶带缠绕数圈加以固定。

三、体育玩具教具作品欣赏

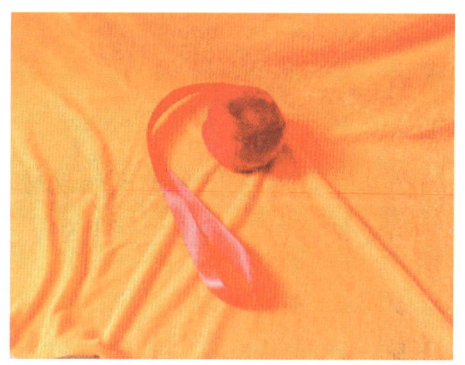

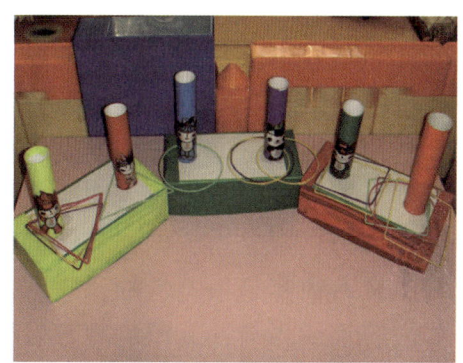

第七章　幼儿园环境创设

幼儿园是孩子们的乐园，是他们生活、学习的重要环境之一。环境是影响幼儿身心发展和行为习惯的重要因素，创设适宜幼儿生活、学习的良好环境是学前教育者最根本的任务。

马克思说："人创造环境，同样，环境也创造人。"幼儿园的良好环境，能促进幼儿身心健康发展，有利于孩子良好行为习惯与心理素质的形成。同时，幼儿园的环境创设也是进行美育活动的主要物质条件之一，它既能美化、装饰校园，让幼儿感受美、欣赏美、热爱美，使幼儿更加喜欢自己的幼儿园，也由此潜移默化地提高了幼儿对美好事物的感受力，陶冶了幼儿的情操。

本章主要通过幼儿园环境创设的概述、幼儿园室外环境创设、幼儿园室内环境创设和幼儿园区角创设四部分内容来学习幼儿园环境创设的基本要求与方法。

第一节　幼儿园环境创设概述

良好的幼儿园环境是幼儿成长的必要条件，优秀的幼儿园环境装饰不仅可以为孩子们创造一个良好的成长环境，而且主题明确、制作精美的幼儿园墙饰可以对孩子起到教育、启蒙的作用。

一、幼儿园环境创设的功能

1. 寓教育于其中

良好的环境布置，应与教育任务、要求相适应，是完成教育计划的组成部分之一。幼儿园的环境创设符合幼儿身心发展的特点，能够引起他们的好奇心、求知欲，以启发幼儿去思考、探索，从而为幼儿身体和智能的发展提供良好的基础。具体来说，幼儿通过视觉、触觉等器官的感受，对环境创设中所表现的内容及其形式产生相应的情感、认知体验，并在此过程中，发展观察力、想象力，构建相应的认知结构，发展积极的自我概念。

幼儿园的教育内容是很宽泛的，它涉及到了德、智、体、美等多个方面，因此，幼儿园环境创设的内容也应当与幼儿园的教育目标紧密结合，并要随着教育主题的更替及时更新。

2. 寓艺术于其中

著名的教育家陈鹤琴先生曾说:"环境艺术化,是教育的一种手段。"幼儿园的环境创设更应该具有一定的艺术性。爱美是人的天性,幼儿更是如此,艺术化的布置就是要在环境的整体布局及具体物品的细节上都具有美感。幼儿园艺术化的环境创设能够使幼儿置身于美的世界中,带给幼儿美的感受,陶冶孩子美的情操。

3. 寓净化环境于其中

绿化是衡量幼儿园环境的重要标志。绿色象征着希望,绿色充满着勃勃生机,将幼儿置身于绿色的园林般的环境里,更能够身心愉悦、积极乐观地学习生活。绿色植物还有美化环境、净化空气的功能。因此,绿化在幼儿园环境创设中也显得至关重要。

二、幼儿园环境创设的原则

1. 适龄性原则

幼儿园的环境创设应充分体现幼儿的年龄特点。了解并尊重幼儿的身心发展特点，是幼儿园环境创设中要考虑到的首要因素。

幼儿园环境创设中，应选取一些符合幼儿认知特点和审美情趣的内容，并有一定的趣味性和情节性；在形象的处理上，要采用夸张、变形、拟人的手法，使其更有童趣；在色彩方面要多采用装饰风格，整体色调要鲜艳明快；材料投放也要符合幼儿的认知需求和审美趣味。另外，不同年龄段的幼儿身体和智力发展状况有所不同，因此，幼儿园环境创设在把握大前提的情况下，也应照顾到这些差异。

2. 教育性与知识性原则

幼儿的语言、思维、情感是在感知、内部整合、表达这三类基本心理活动的有机结合中不断得到发展的。因此，幼儿园教育要想取得更好的成效，除了教育的任务和内容应适合幼儿的身心发展水平特点外，还应当使环境的创设和活动材料的投放与教育的任务、内容相结合，促进幼儿语言、思维、情感和动作的发展。

3. 参与性原则

教育家陈鹤琴先生还说过："通过儿童的思想和双手布置的环境，可使他对环境中的事物更加认识，也更加爱护。"在幼儿园里，幼儿是主体，因而，在任何学习环境中，幼儿必须充当活动的角色，而非仅是参观者。师生共同布置环境的过程能充分体现其教育作用，征求幼儿意见，一方面体现了对幼儿的尊重，另一方面也培养了幼儿的自信心与积极性，让幼儿参与环境创设其实也是他们进行游戏的过程。

4. 创造性原则

要使幼儿园的环境和活动材料充分发挥教育作用，体现出教育的价值和意义，就要充分发挥创设者的想象力和创造力。

幼儿园环境创设中的创造性原则主要体现在对内容、形式和材料的具体表现、运用中。幼儿园整体布置的内容需要顾及多个层面的教育功能，以及各方面的教育作用，必须要富有创新意识才能创设出优秀的幼儿园环境。而在形式、材料的运用上，也应当充分发挥创造力，在考虑形式、材料多样化的同时，学会创新，设计出美观、新颖、富有童趣的作品来。

5. 安全性原则

消除危害幼儿身心健康的一切不安全因素，创设安全环保的幼儿园环境，是幼儿园环境创设必须要遵循的重要原则。环境创设中，材料的选择首先应该是安全的、无污染的、无危险的，并提倡合理使用安全的废旧物品。易碎的装饰物品应放置在幼儿抓握不到的地方，确保安全。幼儿园里的活动区域要多用软质材料。墙体、桌面棱角要施以安全保护。幼儿园内所有悬挂的装饰物均不宜过重，并要注意固定使其牢固。

三、幼儿园环境创设的构成

幼儿园是幼儿主要的学习、生活、娱乐和成长的场所，幼儿园环境创设的构成部分即是指对幼儿学习、生活、娱乐活动的所有场所的整体设计。主要包括幼儿园室外环境创设(园设布置、活动设施的投放等)；幼儿园室内环境创设（包括功能活动室、主题墙、角落、廊柱挂饰等）；门厅、楼梯、专题栏目设计；区角环境创设等内容。

四、幼儿园环境创设的方法与形式

1.幼儿园环境创设的方法

（1）布局：做到变化中有统一，统一中有变化，使变化和统一有机结合。可采用对称和均衡的基本原理。

（2）色彩：色彩搭配要做到清新明快，合理舒适，避免杂乱无章。

（3）造型：造型应富有童趣，多采用拟人、夸张等手法进行布局以及投放材料，并注意与自然环境的巧妙结合。

2.幼儿园环境创设的形式

幼儿园环境创设的形式主要有平面造型和立体造型。

（1）平面造型：平面就是用不同材质的材料设计制作的图画。

（2）立体造型：立体造型就是在平面的基础之上加以辅助的材料使画面产生凹凸感，或直接设计制作出能够站立或是悬挂的立体造型。

第二节 幼儿园室外环境创设

幼儿园的室外环境主要指幼儿园整体的大环境布置,以及活动设施、游戏道具等的投放等。幼儿正处于身心迅速发展时期,幼儿园开展室外活动不仅能促进幼儿运动技能、身体素质的提高,增强幼儿对疾病的抵抗力、对环境的适应力,培养幼儿顽强、勇敢、自信等良好的个性品质,而且能培养幼儿对室外活动的兴趣,并通过这种兴趣和愉快的情感体验推动幼儿在今后的生活中积极参加体育锻炼,为幼儿一生的发展打好基础。要实现这一教育目标幼儿园就必须创设与之相适宜的室外环境,而且《幼儿园指导纲要》中明确指出:"幼儿园应为幼儿提供健康、丰富的生活和活动环境,满足他们多方面发展的需要,使他们在快乐的童年生活中获得有益于身心发展的经验"。只有创设丰富多彩的幼儿园室外环境,才能吸引幼儿自觉、积极地参加体育锻炼,激发幼儿对室外活动的兴趣,通过幼儿自身与环境相互作用促进幼儿的发展;只有创设丰富多彩的室外环境,幼儿才能在活动中根据自己的兴趣选择性地进行锻炼,才能促进每个幼儿富有个性地发展。

幼儿园室外环境的设置就是利用各种手段创设室外活动的场地、器材和氛围,吸引幼儿主动、积极地参与室外活动,激发幼儿对室外活动的兴趣,并养成参加体育锻炼的习惯,为幼儿身体发展提供活动和表现能力的机会,为幼儿以后的健康成长打下良好的基础。

一、幼儿园室外环境的绿化、净化与装饰

在现代社会里,衡量幼儿园环境创设的标准不仅仅是具有良好物质条件的建筑群,而是整个幼儿园环境的质量,就是指幼儿园的环境创设是否符合幼儿的心理要求与生理需求。因此,室外环境的净化和绿化就显得尤为重要。

科学绿化的环境,小动物的适当介入,使幼儿园里充满了大自然的气息,在这里生活、学习的幼儿们仿佛置身于和谐的自然环境中,视野开阔,身心愉悦。植被绿化除了可以提高空气质量外,茂密的植被还能起到消音、隔音的作用。空气清新,没有污染,没有烟雾,没有异味,环境幽静的幼儿园环境,无疑是给幼儿最好的礼物。

二、幼儿园室外活动设施的规划与投放

为使幼儿园室外环境更丰富、多彩，更能吸引幼儿，幼儿园必须要有能满足幼儿的活动场地，以及能满足幼儿进行各种活动的建筑小品与设施，幼儿园必须及时购置一定数量的体育器材和各类玩具设备，且置备的数量和质量，以及外观的童趣程度将直接影响到幼儿室外活动的丰富程度和效果。

1. 体能训练活动设施

各种体育器材的配备，不仅给幼儿提供体力方面的活动，还应具备各种智力启蒙和开发的功能。幼儿在活动中，既可增强体质，又能培养勇敢、敏捷的活动能力和丰富的想象力。如废旧的轮胎、金属架以及树干等做成的各种活动设施，幼儿可以根据自己的意愿，创造性地进行游戏。另外，单杠、转椅、荡船、滑梯、攀登架、跷跷板、蹦床等都是幼儿园最基本的体育器材，大部分幼儿园都购置了这些器材并置于室外供孩子们户外活动时进行各种游戏，有的幼儿园还配备有平衡木、体操棒、拱形门、绳、各种球、圈等器材。户外活动时，由老师拿出来摆放，供孩子们使用，活动完后由孩子收还器材，在增强幼儿体质的同时，培养他们的动手能力，养成良好的生活习惯。器材在摆放时应考虑物尽其用，并让孩子们各方面的能力得到综合发展，如：平衡木、垫子、拱形门、圈搭配在一起开展"走过小桥、爬过草地、钻过山洞、跳过陷阱"的游戏（可比赛也可做练习），使幼儿走、爬、钻、跳等基本动作都得到发展。

2. 自制玩具活动设施

自制玩具也是幼儿园室外环境创设的一个重要方面，自制玩具可以由老师带领孩子们一起制作，由于是孩子们自己的劳动成果，他们玩起来会更起劲、更有成就感。还可以发动家长带领孩子们制作玩具，然后带到幼儿园来交流，这样使自制的玩具更丰富多彩。自制玩具有沙包（用布装沙或米粒制成）、沙筒（用废弃的可乐瓶装沙制成）、拉力器（用六个空矿泉水瓶六个并排用橡皮筋串连制成）、降落伞（用手帕或方布加沙包缝在一起制成）、毽子（用各种羽毛制成）等。

以上室外环境的设置均可在室外进行，《幼儿园工作规程》中指出："幼儿每日室外活动不得少于一小时"。通过创设良好的室外环境，开展室外游戏活动，可提高幼儿对自然环境的适应能力，提高对疾病的抵抗力，发展幼儿的基本动作，全面提高幼儿的身体素质，并可培养幼儿的主动性和创造性，有利于幼儿个性的良好发展。

三、幼儿园门厅、走廊和楼梯的创设

幼儿园室外环境的创设中还包括门厅、走廊和楼梯的装饰与布置。

1. 门厅

门厅是幼儿进入幼儿园的必经通道，应首先保证门厅的通畅，一般不宜设计过多的东西，简单大方，富有童趣即可。

门厅的设计很重要，能充分体现一个幼儿园的特色、精神面貌和审美层次。在造型上应追求童趣、生动的风格，营造出具有儿童特色的文化艺术氛围，让幼儿有亲切、熟悉之感，在色彩的搭配上，应以鲜艳、明快的色调为主。

2. 走廊

走廊是连接各个活动室、方便幼儿与老师行走的通道。走廊的装饰与布置，首先要考虑安全因素，在不影响通道功能的前提下进行适度的装饰。不能为了装饰而装饰，使原本需要通畅的走廊成了装饰的败笔。环境的创设一定要适度、得体，即不能太多、太杂、太乱，要根据具体的环境做适当的布置，要恰到好处。走廊上可以固定布置一些作品，如大师的名作、装饰画，以及幼儿自己的作品等，走廊的天花板可以设置成镂空悬格状，供悬挂装饰物件所用，可依据主题及时更新内容。

第七章　幼儿园环境创设

手工综合教程

3. 楼梯

楼梯是连接各个楼层的必经通道，楼梯的装饰布置首先要遵循安全第一的原则。楼梯是幼儿园里的快速通道，不适宜人员逗留过久，为了保持畅通，一般不要布置过多的东西和丰富的色彩来吸引幼儿的目光，避免嘈杂的环境装饰分散幼儿上下楼梯的专注力而发生安全事故，避免潜在的拥挤碰撞。所以楼梯的整体装饰要简洁、简单。

第三节　幼儿园室内环境创设

　　《幼儿园指导纲要》明确指出："环境是重要的教育资源，应通过环境的创设和利用，有效地促进幼儿的发展。"陈鹤琴先生曾提出："幼儿园环境是儿童所接触的，能给他以刺激的一切物质。"幼儿园的教育活动中，环境作为一种"隐性课程"，在开发幼儿智力，促进幼儿个性健康发展等方面，能发挥独特的作用。

　　环境能激发幼儿思考，并引导幼儿的行为与活动，从而改变幼儿的认识和理解，幼儿正是在这种与环境的互动中获得各方面能力发展的。幼儿园环境的创设已成为开展幼儿教育的重要工作，我们应坚持以人为本的教育理念，使幼儿在游戏中与环境结合在一起，彼此互动、对话，从而促进幼儿整体素质的健康发展。

　　科学地创设幼儿园的室内环境，利用环境对幼儿进行全方位的信息刺激，对幼儿进行形象、直观综合的教育，激发幼儿内在的积极性，让幼儿直接得到一种情感体验和知识的启迪。幼儿园环境对促进幼儿审美能力的发展也起着至关重要的作用，还可以通过良好的幼儿园环境的熏陶，促进幼儿形成良好的个性品质，从而健康全面地发展。

　　幼儿园的室内环境创设主要包括：主题墙的创设、悬挂物的创设，以及盥洗室的设计。

一、主题墙饰的设计

1. 主题墙的创设首先要与课程之间有效互动

瑞吉欧认为:"环境生成课程,课程主题来源于幼儿与环境的互动作用。"比如,学习中国的传统文化戏曲,那么主题墙就可以选择和戏曲相关的主题形象进行创设,比如脸谱、戏服等内容。一方面增进了孩子认知层面对戏曲的理解,另一方面也从情感方面激发了孩子对传统文化的兴趣与热爱。春天来了,百花争艳,洛阳牡丹竞相开放,洛阳市实验幼儿园的老师为了给孩子上好这生动的一课,特意创设了"唯有牡丹真国色,花开时节动京城"的主题墙饰。

第七章　幼儿园环境创设

  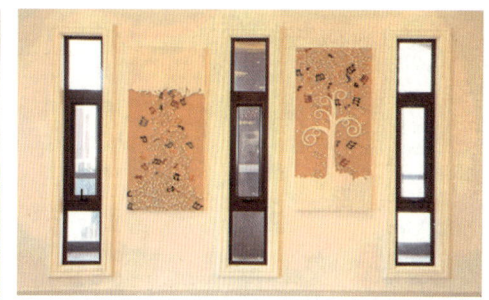

2. 主题墙饰的内容与幼儿之间进行有效的互动

每一个主题墙饰的创设，不仅是课程内容的体现、教学活动的反映，更是幼儿学习过程和结果的记录。比如，秋天来了，老师可以引导孩子发现季节交替给秋天带来的变化，并积极搜集秋天的元素，指导幼儿亲自动手制作树叶标本，或是自制菊花作品等，来共同完成主题墙的装饰。亲自参与主题墙布置的整个过程，会使幼儿获得多元的经验，促进情感和技能方面的发展。

二、悬挂物的创设

悬挂物是幼儿园环境创设中的立体项目，制作手法多样、形态各异，主要用于教室、走廊、大门口等的空间布置。幼儿园室内的天花板上总是会有长长的横梁，幼儿抬头就能看到它的存在。因此，对横梁的美化、装饰就显得尤为重要了。悬挂物装饰就成了创设室内环境中很重要的方式，既可以美化环境，又可以分隔室内空间。

布置悬挂物时，要先进行空间整体的设计规划，然后制作每一个悬挂物品，最后再根据疏密、大小、起伏、节奏、旋律等原则进行具体的装饰，既要有对比，又要协调统一。悬挂物的色彩、内容如果能与主题墙饰交相呼应，就能最大限度地实现设计的目标。

第七章 幼儿园环境创设

三、盥洗室设计

对幼儿盥洗的生活环境创设，以富有童趣的动物形象或画面为主。这样既能激发起幼儿对盥洗产生兴趣又能使幼儿对盥洗的方法有形象的认识，还能帮助其模仿盥洗的顺序。因此应该在墙上贴上小动物洗手顺序的图片，来引导幼儿掌握洗手的方法。针对幼儿浪费水的现象，在墙面上贴上水龙头哭泣的图片，以提醒幼儿及时关闭水龙头，节约用水。

四、幼儿园功能活动室的创设

幼儿园的功能活动室是指除去教室之外的有针对性的专业活动室。主要有体能训练活动室、创意美术活动室、幼儿舞蹈活动室、科学发现活动室、游戏活动室、体验式餐厅活动室、图书阅览室等。

体能训练活动室应创设与锻炼身体相关的主题内容；创意美术活动室的环境创设要充分体现其艺术性与操作性；幼儿舞蹈活动室可以多设置形体、舞蹈动作等相关内容的装饰；科学发现活动室则可以多创设能够激发孩子想象力与创造力的内容，如探索星空的奥秘、物种的进化过程等；游戏活动室则要设置色彩鲜明活泼的内容；体验式餐厅可以设置一些知识性的餐点制作过程等内容，丰富孩子的生活常识；图书阅览室因其功能的独特性，应当创设一个安静、素雅的环境，使孩子置身其中才能安下心来阅读图书，增进知识。

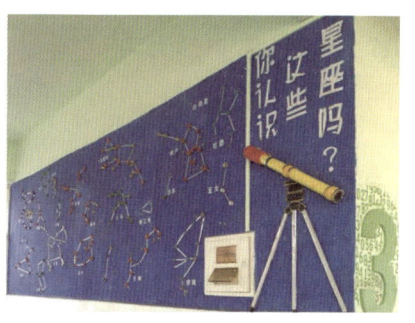

手工综合教程

幼儿园的环境创设是一项复杂的系统工程。要搞好幼儿园环境创设，就必须对幼儿的身心发展特点有全面透彻的了解，充分认识环境材料可能蕴含的教育价值，并用科学的方法引导幼儿和环境的相互作用。"让幼儿真正成为环境的主人，促进幼儿主动发展"这一理念，已被幼教界同仁所接受。让幼儿参与环境的创设，每个区摆放什么，怎么摆，墙角如何布置，这些都与幼儿共同商量，共同制作，共同摆放，这样能使幼儿对环境中的事物更加认同，也更加爱护，从而更积极主动地参加到游戏活动中来。

第四节　幼儿园区角创设

幼儿园活动区角是以幼儿游戏活动为主的活动场所。区角活动是在一定的时间、空间内设置的各种区域活动，幼儿园为幼儿提供各种丰富的材料、充足的活动空间和活动时间，为孩子提供表现的机会和条件，使幼儿能够根据自己的意愿、兴趣、能力来选择内容，宽松自由地进行活动的一种教育方式。

开展丰富多彩的区角活动，不仅能激发幼儿的想象力、创造力，而且还给幼儿提供了自我学习、自我探索、自我发现、自我完善的机会，促进了幼儿在自信心、创造性、动手能力、心理健康等方面品质的发展。

一、区角创设的原则

1. 以人为本原则

区角创设必须遵循以人为本的原则，即以幼儿为主体，无论是设计规划，还是材料投放，都要尊重幼儿的年龄特点和心理特征，设置适宜于幼儿的内容。小班幼儿年龄偏小，肢体协调性较差，可以多设置参与性的游戏区角，如娃娃家、玩具区等；中班、大班依据孩子年龄的增长，动手协调能力的发展，探索和表现欲望的增强，可适当设置参与性、操作性强的区角，如科学角、美工区、建构区、角色区、数学区等。

2. 尊重个体差异原则

区角创设不但要顾及幼儿整体的年龄特征和心理特点，更要关注幼儿的个体差异。因此，区角的设置应丰富多样，尽可能满足所有幼儿的需求，尊重幼儿的个体差异。

3. 科学合理原则

区角创设的内容和形式不能只追求花样繁多，而忽略科学合理的基本原则。科学合理不只是指区角的内容设置，也包括区角位置的选择、材料的投放，环保理念的渗透，以及与主题课程的有效融合等。

二、幼儿园区角的类别

幼儿园区角活动的项目很多，有科学区、益智区、语言区、数学区、美工区、生活区、角色区、自然区、表演区、图书区等，各个幼儿园也可因地制宜，就地取材，根据自己的特色和空间环境来安排活动区角。

要合理地安排好各个区域的位置与大小，避免布置太多造成杂乱无章的现象。区角的创设必须经过精心的构思、设计和布局，才能达到美的和谐与统一。

1. 娃娃家

娃娃家是各个年龄层次的幼儿共同爱好的游戏内容，教室应准备娃娃家所必需的家具、日常用品以及各种娃娃，供幼儿活动使用。教师可利用废旧材料仿制家具，如纸箱、鞋盒等废旧物品制作成小床、衣柜、沙发凳。

手工综合教程

2. 建构区

建构区有明显的区域界限，地板上尽量铺上不易发出噪音的软质垫子或地毯，既安全又舒适。为了节省空间，建构区的材料平时要注意摆放整齐，游戏时根据需要取出使用。

3. 益智区

益智区主要训练和开发幼儿智力，培养孩子的手、眼、脑的协调能力。如拼接玩具、拼搭积木、棋类游戏、拼图游戏等。

4. 美工区

美工区是展示幼儿美术才华的一片天地，一般采用半开放式格局，要保证有充足的采光，尽量靠近水池，便于清洗。区域内可提供幼儿使用的各种绘画、制作的工具和材料，布置一些适合该年龄段幼儿欣赏的优秀美术作品，并可利用墙面或展台展示幼儿的作品。

5. 图书区

图书区一般采用箱式书架，也可自制图书袋和图书盒，高度要符合孩子身高，便于孩子取放图书。

6. 自然角

自然角内可放置花草、果蔬、豆苗等内容，供幼儿仔细观察，了解其生长特点与生活习性，还可用绘图形式记录动植物成长日记，通过自然角的活动开展，使幼儿认识自然，热爱自然。

7. 表演区

表演区是孩子们进行区角活动时模拟表演的场所。一般在专用活动室可设置表演区，需要较大、较开阔的活动场地。可布置舞台背景，摆放各种乐器、演出服、道具等物品。

8. 科学发现区

对幼儿进行科学启蒙教育，通过游戏培养幼儿对科学的兴趣。

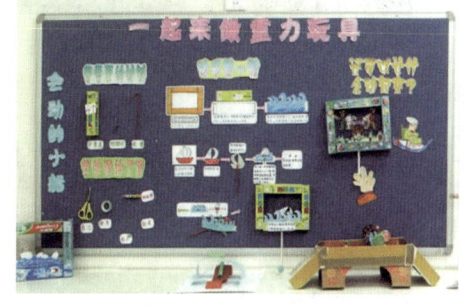

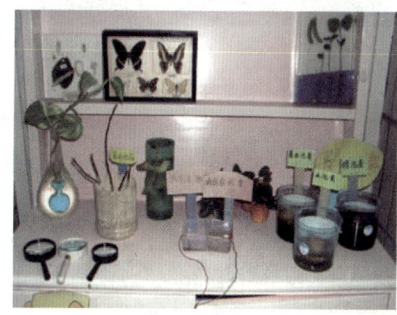

9. 语言区

语言区主要设置与认识拼音、汉字、英文字母、单词、讲故事等，与锻炼幼儿的语言表达能力相关的内容。

10. 角色游戏区

幼儿根据生活经验，模拟成人生活，满足幼儿学习社会生存，增强为他人服务的体验。在游戏中，幼儿可探索和模仿周围的人，语言能力也能得到促进。游戏区内布置和摆放要模拟现实，可以物代物，也可废弃物制作道具，让幼儿有身临其境的感觉，并能完全进入角色。经常设置的角色游戏场所有医院、超市、餐饮店、美发店、邮局、甜品屋等。

第七章 幼儿园环境创设

参考文献

1. 孙华庚，邵筱凡.手工实用教程.北京：北京师范大学出版社
2. 沈建洲.手工基础教程（第二版）.上海：复旦大学出版社
3. 沈建洲.手工基础教程（第三版）.上海：复旦大学出版社
4. 沈建洲.手工应用教程.上海：复旦大学出版社
5. 钟海宏.幼儿园手工——纸雕.上海：华东师范大学出版社
6. 李全华.幼儿园环境创设.杭州：浙江大学出版社
7. 解华，戴庆福.美术基础教程（第三册）.郑州：郑州大学出版社
8. 邱秀君，吕袁媛.手工制作教程.北京：高等教育出版社